Maat van Geloof

Kragtens die genade wat aan my gegee is, sê ek vir elkeen van julle: Moenie van jouself meer dink as wat jy behoort te dink nie. Nee, lê jou liewer daarop toe om beskeie te wees in ooreenstemming met die maat van geloof wat God aan elkeen toegedeel het (Romeine 12:3).

Maat van Geloof

Dr. Jaerock Lee

Maat van Geloof deur Dr. Jaerock Lee
Gepubliseer deur Urim Boeke (Verteenwoordiger: Johnny. H. Kim)
361-66, Shindaebang-Dong, Dongjak-Gu, Seoul, Korea
www.urimbooks.com

Alle regte voorbehou. Hierdie boek of dele daarvan mag nie gereproduseer, of in 'n data-sentrum geberg, of vermenigvuldig word, in enige vorm of deur enige medium - elektronies, meganies, fotografies, fonografies of enige ander vorm van opname - sonder die voorafgaande skriftelike toestemming van die uitgewer nie.

Alle teksverwysings is geneem vanuit Die Bybel, Nuwe Vertaling (met herformulerings) 1975, 1979, 1983, 1986 deur die Bybelgenootskap van Suid-Afrika.

Kopiereg 2013 deur Dr. Jaerock Lee
ISBN: 979-11-263-1247-4 03230
Vertaling Kopiereg 2013 deur Dr. Esther K. Chung. Gebruik met toestemming.

Geredigeer deur Dr. Geumsun Vin
Ontwerp deur Redaksionele Buro van Urim Boeke
Vir meer inligting kontak asseblief: urimbook@hotmail.com

Inleiding

Vandag is daar baie mense wat daarop aanspraak maak dat hulle glo, maar nie van hulle saligheid seker is nie. Hulle weet nie of hulle die geloof het om die saligheid te ontvang nie, of hoeveel geloof hulle moet besit, om in staat te wees om die saligheid te ontvang nie. Verder mag ons dalk sê iemand se geloof is groot of klein, afhangend van die soort geloofslewe wat hulle lei, maar dit is nie maklik om elkeen se geloof te meet nie.

Die soort geloof wat God aanvaar, is nie vleeslike geloof wat nie met dade van geloof gepaard gaan nie, maar geestelike geloof wat met sulke dade gepaard gaan. Vleeslike geloof kan verkry word deur net na die Woord van God te luister of dit aan te leer, dit dan te memoriseer en dit as kennis in die brein te stoor. Alhoewel, ons kan nie geestelike geloof verkry, net omdat ons dit graag wil hê nie. Geestelike geloof kan slegs van God ontvang word (Romeine 12:3).

Jare gelede het ek gebid sodat sekere Bybelverse, wat moeilik was om te begryp, aan my openbaar moes word. Dan, skielik eendag het God begin om die geheime van die geestelike koninkryk, aan my te verduidelik. Hy het my laat verstaan dat die maat van elkeen se geloof verskil, en elkeen sal verskillende hemelse woonplekke, in ooreenstemming met hulle maat van geloof, ontvang.

Ons oorspronklike woning is die Hemel, en ons is reisigers op hierdie aarde. Net soos wat ons wegwysers benodig wanneer ons na vreemde plekke reis, benodig ons ook wegwysers wanneer ons na die Hemel op reis is. Indien ons bewus is van ons maat van geloof, kan ons baie maklik verstaan watter soort gesindheid ons voortaan teenoor ons geloofsreis moet openbaar.

Die God van liefde verwag van Sy kinders om volmaakte

geloof te hê, die Nuwe Jerusalem binne te gaan, waar die troon van God geleë is, en saam met Hom daar vir ewig te lewe. Dit is waarom Jesus in Matteus 5:48 sê, "Wees julle dan volmaak soos julle hemelse Vader volmaak is," en in Markus 9:23, "'As u iets kan doen,' sê jy," antwoord Jesus. "Vir die wat glo, kan alles."

Die Maat van Geloof verduidelik vyf vlakke van die maat van geloof, met ooreenstemmende wonings in die hemelse koninkryk, vir elke afsonderlike vlak. Dit is om die leser te help om sy of haar eie vlak van geloof, te help bepaal. Die maat van geloof, en die wonings in die hemelse koninkryk kan in meer as vyf vlakke verdeel word, maar hierdie werkstuk verwerk dit in vyf basiese vlakke, sodat die lesers dit baie makliker kan verstaan. Ek vertrou dat jy die Hemel sal aangryp, deur meer ernstig die maat van geloof, met die van die voorvaders van geloof in die Bybel, te vergelyk. Verder, vertrou ek dat jy werklik God, wie opgetoë is met perfekte geloof, se hart sal begryp, sodat baie van julle vinnig die volle maat van die geloof sal besit.

Sedert die eerste publikasie in 2002, is "Maat van Geloof" vertaal en deur verskeie mense regoor die wêreld gelees. In die lig van sommige bykomende dinge wat God sedertdien aan my openbaar het, word die hersiene uitgawe tans gepubliseer. Alle dank en eer aan God die Vader, wie dit moontlik gemaak het. Verder wil ek my dank betuig aan al die werkers, insluitende Geumsun Vin, the direkteur van die redaksionele buro.

Jaerock Lee

Inhoudsopgawe

Inleiding

Hoofstuk 1
{ Vleeslike Geloof en Geestelike Geloof } • 1

1. Karaktertrekke van vleeslike geloof
2. Karaktertrekke van geestelike geloof
3. Om geestelike geloof te besit

Hoofstuk 2
{ Koninkryk van die hemel verduur geweld } • 29

1. Sedert die dae van Johannes die Doper tot vandag
2. Hemelse wonings is in klasse verdeel
3. Om beter hemelse woonplek met geweld te neem

Hoofstuk 3
{ Maat van Geloof } • 47

1. Maat van geloof deur God gegee
2. Geloofsvlakke en mensdom se groei
3. Maat van geloof volgens Esegiël se visioen
4. Maat van geloof soos deur die meting van ander se werk

Hoofstuk 4
{ Eerste Vlak van Geloof } • 65

1. Geloof om saligheid te ontvang
2. Geloof om die Heilige Gees te ontvang
3. Geloof van die misdadiger wie langs Jesus aan die kruis gehang het
4. Paradys vir hulle op die eerste geloofsvlak

Hoofstuk 5
{ Tweede Vlak van Geloof } • 81

1. Geloof om die Woord te probeer verkondig
2. Moeilikste stadium van die Christelike lewe
3. Ek het vir jou melk gegee om te drink, nie vaste voedsel nie
4. Eerste koninkryk van die hemel aan hulle op die tweede geloofsvlak gegee

Hoofstuk 6
{ Derde Vlak van Geloof } • 101

1. Geloof om volgens die Woord te handel
2. Om die goeie stryd te stry, om sodoende die sondes van die vlees te verwerp
3. Vroeë stadium van die derde vaste geloofsvlak
4. Om geestelik te word sonder om te stagneer
5. Die tweede koninkryk van die hemel aan hulle op die derde geloofsvlak gegee

Hoofstuk 7
{ Vierde Vlak van Geloof } • 129

1. Heiliging moet bereik word om 'n mens van gees te word
2. Die vierde vlak van geloof: om God tot die uiterste lief te hê
3. Belangrike beginsels vir geloofsgroei
4. Karaktertrekke van vierde geloofsvlak

5. Seëninge gegee aan die mens van die gees
6. Die Derde Koninkryk van die Hemel

Hoofstuk 8
{ Stappe om tot die Vyfde Geloofsvlak te kom } • 165

1. Vlakke van goedheid
2. Verwerping van spore van die vlees
3. Vulling van die geestelike inhoud
4. Beproewinge voor die bereiking van die vyfde geestelikevlak

Hoofstuk 9
{ Vyfde Vlak van Geloof } • 199

1. Goddelike-verheerlikings geloof
2. Karaktertrekke van die vyfde geloofsvlak
3. Binnegaan van die uitgestrekte geestelike koninkryk

Hoofstuk 10
{ Seëninge vir Vyfde Geloofsvlak Gegee } • 223

1. Seëninge gegee vir die mens met volmaakte gees
2. Nuwe Jerusalem vir hulle by die vyfde geloofsvlak

Hoofstuk 1

Vleeslike Geloof en Geestelike Geloof

1. Karaktertrekke van vleeslike geloof
2. Karaktertrekke van geestelike geloof
3. Om geestelike geloof te besit

Om te glo, is om seker te wees van die dinge wat ons hoop, om oortuig te wees van die dinge wat ons nie sien nie. Dit is immers vanweë hulle geloof dat daar oor die mense van die ou tyd met soveel lof getuig is. Omdat ons glo, weet ons dat die wêreld deur die woord van God geskep is: die sigbare dinge het dus nie ontstaan uit iets wat ons sien nie (Hebreërs 11:1-3).

Die Bybel wys ons die weg aan om Jesus Christus aan te neem, en 'n oplossing vir ons sondes te kry, om sodoende gered te word. Verderaan, dit wys vir ons hoe om antwoorde op ons gebede, en seëninge deur ons geloof te verkry. Geloof is die skat van alle skatte, en die sleutel tot die oplossing van alle probleme. Ons kan God verheerlik, en antwoorde op al ons gebede ontvang, slegs wanneer ons geloof het. Ons kan slegs deur geloof gered word, en Hemel toe gaan.

Nogtans is daar baie mense wie kerk toe gaan, en daarop aanspraak maak dat hulle in God glo, maar nie die versekering van die saligheid het nie, en ook nie antwoorde op hulle gebede ontvang nie. Markus 9:23 sê, "'As U iets kan doen,' sê jy," antwoord Jesus. "Vir die een wat glo, kan alles." Daarom, indien ons met geloof bid, moet ons die antwoord ontvang. Indien ons nie die antwoord ontvang nie, ten spyte daarvan dat ons met geloof gebid het, moet ons vasstel of ons geloof waar of vals is.

Baie mense sê dat hulle glo, maar hulle nie die werke van God ervaar nie, omdat hulle nie ware geloof het wat deur God erken word nie. Daar is geestelike geloof wat deur God erken en beantwoord word, en daar is vleeslike geloof wat nie deur God erken word nie.

1. Karaktertrekke van vleeslike geloof

Vleeslike geloof is die geloof wat jy glo jy met jou oë kan vasstel en verifieer, en die dinge wat met jou gedagtes en kennis ooreenstem. Dus, wat is die karaktertrekke van vleeslike geloof?

Geloof as kennis

Byvoorbeeld, wanneer jy hoor, 'ons kan lessenaars uit hout vervaardig,' kan jy dit glo, selfs al het jy nie die vervaardigingsprosedures gesien nie. Dit is omdat dit ooreenstem met die kennis wat jy geleer het. As sodanig, indien jy glo wat ooreenstem met jou kennis, is dit vleeslike geloof. Dit word ook geloof deur kennis, of geloof om 'n rede genoem. Dit het niks met saligheid te doen nie, en enigiemand kan hierdie soort geloof hê.

Mense kan baie dinge in hulle brein se geheue stoor. Hulle kan die dinge onthou wat hulle sien, hoor, en van hulle ouers, familielede, bure of in die skool geleer het, en maak gebruik van hulle kennis soos in hulle daaglikse lewens benodig. Na aanleiding van watter soort kennis hulle aanvaar, mag hulle besluit wat is vals om waar te wees, en wat is waar om valsheid te wees.

Maar mense se kennis kan nie altyd korrek wees nie. Daar is dinge in die wêreld wat die mense as korrek aanvaar, maar later word baie van hierdie dinge as foutief bewys. Verder, die standaarde en denkwyses in verskillende lande, asook tussen verskillende bevolkingsgroepe, en selfs tussen individue, verskil.

Slegs God se Woord is die enigste waarheid, wat nie met die verloop van tyd verander nie. 'n Lang tyd gelede was die mensdom vertel dat die Aarde nie rond was nie, maar eintlik plat. Hulle het geleer dat die son om die Aarde draai, en nie andersom nie. Op dieselfde wyse, baie dinge wat ons op skool en in die gemeenskap leer, is ook nie waar nie.

Maar mense glo alles wat hulle geleer word, is die waarheid. Dus, alhoewel iemand hulle die waarheid sou vertel, dan dink hulle nogtans dat dit onwaar is, omdat dit nie met hulle kennis ooreenstem nie. Om hierdie rede gebeur dit dat baie mense nie in God die Skepper glo nie, selfs nadat hulle die evangelie gehoor het nie. Omdat hulle geleer het dat die valsteorie genaamd "Darwinisme" is die waarheid, glo hulle nie in skeppingsleer nie, wat eintlik die reine waarheid is.

Darwinisme is nie die waarheid nie, maar is 'n foutiewe teorie wat hoofsaaklik deur die menslike gedagtes saamgestel, en gevorm is. Selfs al sal miljoene jare verloop, sal visse nie landdiere kan word nie, en ape sal nooit mense kan word nie. Maar diegene wie geleer het dat dit moontlik is, dink dat Darwinisme is die totale waarheid. Indien hulle hoor dat God die Skepper alles deur Sy Woord geskep het, dink hulle dat dit absoluut onsin is.

Daar is ook sommige mense wat sê dat hulle in die Almagtige God glo, maar nie die Bybel ten volle glo nie, maar slegs die gedeeltes wat aan hulle eie teorie en kennis voldoen. Indien ons wêreldse teorie en kennis gebruik om die Bybel te verduidelik, is daar so baie dinge wat ons nie kan verstaan nie. In die wêreld moet daar grondstowwe aanwesig wees om 'n produk te vervaardig. Die Bybel sê vir ons dat die hemel en die aarde uit niks, deur die Woord van God geskep is. Dus, kan hulle dit nie glo nie.

Verder is die werke wat deur die Heilige Gees, en nie deur die menslike vermoëns kan plaasvind nie, ook vir hulle onverstaanbaar. Dus, wanneer hulle van tekens en wonders in die Bybel lees, dink hulle dat dit nie regtig plaasgevind het nie, maar dat dit slegs 'n gelykenis of 'n simbool is. Indien daar staan dat Petrus op die water loop, word dit deur hulle vertolk dat Petrus op die vlak water geloop het. Indien iemand sê dat sy siektetoestand deur medikasie en 'n operasie genees is, glo hulle dit. Wanneer hulle hoor dat iemand deur gebed genees is, twyfel hulle en glo dat iets anders daarby betrokke moet wees.

Maar hierdie soort geloof het niks met God te doen nie. Dit is nie geestelike geloof, waardeur saligheid ontvang kan word nie. Ware geloof is om te glo dat al die woorde van die Bybel is God se woorde en dit gee die absolute waarheid weer, ongeag watter tipe kennis ons mag hê.

Veranderlike geloof

Sommige mense bid en aanbid God ywerig, en lewe 'n voorbeeldige Christelike lewe om die antwoorde van hul hartsbegeertes te ontvang. Maar, sodra hulle nie die antwoord vinnig genoeg ontvang nie, begin hulle om te twyfel."Is God regtig 'n lewende God? Luister Hy regtig na my gebede?" Indien hulle so begin redeneer en twyfel, raak hulle maklik verlore. Dus, dink hulle selfs dat die vorige antwoorde op hulle gebede, en ander se getuienisse oor hulle antwoorde wat ontvang is, was bloot maar net toevallig.

Jakobus 1:6-7 sê, "Maar 'n mens moet gelowig bid en nie twyfel nie, want iemand wat twyfel, is soos 'n brander in die see wat deur die wind aangejaag en heen en weer gedryf word. So 'n mens moet nie dink dat hy iets van die Here sal ontvang nie."

Ons kan nie sê dat hierdie twyfelagtige en weifelende soort geloof, is ware geloof nie. Markus 11:24 sê, "Daarom sê Ek vir julle: Alles wat julle in die gebed vra, glo dat julle dit al ontvang het, en dit sal vir julle so wees." Soos geskrywe, ons moet glo dat ons dit alreeds ontvang het, en nie dat ons dit wil ontvang nie.

Dit is dieselfde met siektes se probleme. Die tweede helfte van 1 Peterus 2:24 sê, "...Deur Sy wonde is julle genees." Ongeveer 2,000 jaar gelede, het Jesus gely en ons verlos van al ons sondes en beproewinge, en ons wie dit glo het genees geword. Daarom, indien ons met geloof gebede ontvang, sal ons nie meer pyn in ons lewens ervaar nie, maar sal gelukkig en dankbaar wees en met hoop vervul wees. Verder, kan ons geloof herken word as ware geloof, wanneer ons geloof nie weifel nie, alhoewel ons nie op die oomblik sigbare bewyse daarvoor het nie.

Geloof sonder dade, is dooie geloof

Om God se Woord te ken en dit te glo, is twee verskillende dinge. Ons moet God se Woord nie in ons kop glo nie, maar met ons hele hart, eers dan sal ons dade ooreenkomstig die Woord plaasvind. Byvoorbeeld, God sê dat Hy jou sal laat oes wat jy gesaai het. Dit is die reël van die geestelike koninkryk wat op alles van toepassing is, insluitende gesondheid en welvarendheid.

Die weduwee in Sarfat het haar laaste voedsel aan Elia in die geloof gegee, gedurende die lang hongersnood en droogte, in gehoorsaamheid aan God se opdrag. In die menslike gedagtes, daardie voedsel was vir haar ook lewensnoodsaaklik, en sy kon dit eintlik nie weggee nie. Maar sy het gehoorsaam deur haar daad gebly, omdat sy geglo het. As gevolg hiervan is sy mildelik geseën, deurdat die meel in die kruik en die olie in die kan nie minder geword het nie (1 Konings 17).

Inteendeel, hulle wie vleeslike geloof het, weet hierdie feit in hulle koppe, maar wanneer daar probleme ontstaan, kan hulle nie met dit handel nie. Wanneer hulle broodgebrek lei, kan hulle soms nie behoorlik hulle tiendes gee nie, en word dan gierig omtrent verskeie offerandes. Indien hulle waarlik glo dat God hulle mildelik sal seën met wat hulle ookal voor God gesaai het, sal hulle nooit gierig word nie. Maar, omdat hulle dit slegs deur kennis weet, sal hulle dade nooit volg nie.

Die volgende voorbeeld is dieselfde as die probleem met die siektes. Indien jy werklik glo dat God almagtig en alwetend is, waarom sal jy wêreldse metodes gebruik wanneer jy 'n siektetoestand het? Mense vertrou nie op God se handelinge nie, omdat hulle van God se krag deur kennis weet, maar dit nie in hulle harte glo nie. 2 Konings 16:12-13 vertel vir ons van Koning Agas se siekte en sy dood.

Dit sê, "In die nege en dertigste jaar van sy regering het Agas 'n voetsiekte opgedoen. Sy siekte was ernstig, maar nogtans het hy nie die Here genader nie ,maar eerder die geneeshere opgesoek. Agas is oorlede, en hy is begrawe by sy voorvaders nadat hy in sy een en veertigste regeringsjaar dood is."

Koning Agas het aan die begin volgens die Wet gelewe, en het God liefgehad. Nadat sy moeder afgode begin aanbid het, het hy haar uit die posisie as koninginmoeder verwyder. Maar met die verloop van tyd, soos wat hy al hoe meer arrogant begin word het, het God Hom, van hom begin distansieer. As gevolg hiervan het hy 'n siekte ontwikkel, maar op mense vertrou. Hy het baie geneeshere geraadpleeg, maar alles tevergeefs. Uiteindelik het hy van die siekte gesterf. Aan die hand hiervan, kan ons verstaan dat God nie tevrede is met dade wat uit ongeloof voortspruit nie.

Dit is dieselfde met ander gevalle. Die Bybel sê vir ons om altyd 'verheug te wees', 'wees dankbaar onder alle omstandighede', 'bid sonder ophou', 'wees lief vir jou vyande', en 'het vrede met elkeen'. Selfs wanneer ons al hierdie verse memoriseer, hulle wie nie daarvolgens optree nie, het slegs vleeslike geloof, en kan nie die werke van God ervaar nie. Jakobus 2:26 sê, "'n Liggaam wat nie asemhaal nie, is dood. So is die geloof wat nie tot dade kom nie, ook dood." Ons moet onthou dat ons nie antwoorde op ons gebede, of seëninge kan ontvang, om nie eers van die saligheid te praat nie, totdat ons die geloof het wat met dade gepaardgaan nie.

2. Karaktertrekke van geestelike geloof

Ons kan slegs deur geloof gered word en Hemel toe gaan, asook antwoorde op ons gebede ontvang. Hierdie geloof moet geestelike geloof wees, wat deur God aanneemlik is. Selfs al sê ons dat ons glo, kan ons nie die saligheid of antwooorde op ons gebede ontvang, tensy ons geloof geestelik van aard is, wat deur God herken kan word nie. Dus, wat is die karaktertrekke van hierdie geestelike geloof?

Geloof om te glo in die skepping van iets uit niks

Somtyds mag die Woord van God dalk nie met ons persoonlike gedagtes, en kennis ooreenstem nie. Maar indien ons geestelike geloof het, sal ons elke Woord van God glo, sonder voorbehoud. Wanneer ons op so 'n manier glo, sal ons geloof nooit verander nie, ongeag die omstandighede. Hierdie geloof is nie net 'n stuk kennis nie. Dit is die soort geloof wat deur dade bewys word. Indien ons hierdie geestelike geloof het, kan ons antwoorde op dinge ontvang, wat vir die menslike vermoëns onmoontlik is. Die Bybel definieer geloof soos volg:

"Om te glo, is om seker te wees van die dinge wat ons hoop, om oortuig te wees van die dinge wat ons nie sien nie. Dit is immers vanweë hulle geloof dat daar oor die mense van die ou tyd met soveel lof getuig is" (Hebreërs 11:1-2).

Hier, 'versekering oor dinge waarvoor ons hoop' beteken dat ons verseker is van ons toekomstige hoop, asof ons dit reeds besit, dus sal dit later bewaarheid word. Byvoorbeeld, hulle wie met siektes worstel, wil graag genees word. Vir hulle hoop om bewaarheid te word, moet hulle geloof hê. Verder, indien ons die geloof besit wat God van ons vereis, sal ons begeerte van goeie gesondheid, bewaarheid word.

'Om skuldig te wees aan dinge wat jy nie gesien het nie' verwys na geestelike geloof waarmee ons die eintlike werklikheid van die dinge kan sien, wat nie normaalweg met die fisiese oë waarneembaar is nie. Dus, dit is geloof om die werke te glo om dinge uit niks te skep nie.

Die aartsvaders het eintlik gekry waarvoor hulle in die geloof voor gehoop het. Hulle het die sigbare bewyse ontvang van die dinge wat nie sigbaar was nie, en daardeur het hulle eintlik die krag van God, wie dinge uit niks geskep het, ervaar. Deur geloof het hulle die son en die maan tot stilstand gebring, die Rooi See in twee verdeel, oorloë gewen en die dooies opgewek.

Hulle wie geestelike geloof het, kan glo dat God in die begin die hemele en die aarde en alles daarin, deur Sy woord geskep het. Dit het plaasgevind lank voordat die mens geskape is en niemand dit gesien het. Maar omdat ons glo in die skepping van iets uit niks, twyfel ons geensins daaroor nie.

Daarom Hebreërs sê, "Omdat ons glo, weet ons dat die wêreld deur die woord van God geskep is: die sigbare dinge het dus nie ontstaan uit iets wat ons sien nie."

Toe God die hemele en die aarde in die begin geskep het, het Hy gesê, "Laat daar lig wees," en daar was lig. Nadat Hy gesê het, "Laat die aarde plantegroei voortbring, plante met saad daarin, en vrugtedraende vrugtebome elkeen met sy eie soort vrugte, het dit gebeur. Die heelal en alles daarin is nie geskep uit iets wat reeds bestaan het nie. Die meeste mense kan nie glo dat iets uit niks geskep kan word nie. Dit is omdat hulle nooit anders geleer was nie, en nooit gesien het dat iets gemaak word sonder dat die grondstowwe beskikbaar was nie.

Geloof kan slegs bekom word, indien dit deur God voorsien word

Mense kan nie hierdie soort geestelike geloof verkry net omdat hulle dit wil hê nie. Ons kan geestelike geloof verkry, in ooreenstemming met die maat van geloof wat God aan elkeen van ons toegedeel het.

Romeine 12:3 sê, "Kragtens die genade wat aan my gegee is, sê ek vir elkeen van julle: Moenie van jouself meer dink as wat jy behoort te dink nie. Nee, lê jou liewer daarop toe om beskeie te wees in ooreenstemming met die maat van geloof wat God aan elkeen toebedeel het."

Indien die mensdom geestelike geloof na willekeur kon hê, sou daar baie probleme in hierdie wêreld gewees het. Byvoorbeeld, veronderstel 'n handelaar sou sê, "Here, laat al die verbruikers nie na my opposisie se winkels gaan nie, maar laat hulle almal by my winkel kom koop." Veronderstel iemand wie sy buurman so vreeslik haat, sou bid, "Laat die man in 'n motorongeluk betrokke raak." Indien hierdie mense se gebede verhoor word, sou daar in hierdie wêreld chaos gewees het. Daarom, die God van geregtigheid gee hierdie geloof slegs aan hulle, wie gekwalifiseerd is om die antwoorde te kry. Sulke persone sal ook nie in die eerste plek, bose gebede bid nie.

3. Om geestelike geloof te besit

In Markus 9:22, het 'n vader, wie se seun van 'n bose gees besete was, na Jesus gekom en gesê, "baie keer het die gees hom al in vuur en in water gegooi om hom dood te maak. As U tog miskien iets daaraan kan doen, kry ons jammer en help ons." Hoor, wat die vader sê, "as U tog miskien iets daaraan kan doen, kry ons jammer en help ons!" is nie 'n erkenning van geloof nie. Hy het slegs vir 'n mate van geluk gehoop.

Jesus sê vir hom, "As U iets kan doen,' sê jy." "Vir die een wat glo, kan alles." Onmiddellik het die seun se vader uitgeroep en begin sê, "Ek glo, help my waar ek nog ongelowig is." Eerstens het hy gesê, "Ek glo," maar dan sê hy, "help my ongelowigheid." So, dit mag voorkom of dit geen sin maak nie. Maar dit is slegs dat die geestelike betekenis in elke stelling verskil.

Toe die man sê, "Ek glo," was dit 'n uitdrukking van sy vleeslike geloof. Naamlik, dit beteken, hy het van Jesus gehoor, en ken Hom deur kennis. Hy het eintlik baie nuus omtrent Jesus gehoor. Hy het gehoor dat Jesus wonderbaarlike kragtige werke, soos die uitdrywing van bose geeste; en veroorsaak het dat blindes kan sien, dowes kan hoor en die stommes kan praat, ten uitvoer gebring het. Omdat hy die nuus gehoor het, en bewus was van die gebeure, het hy gesê dat hy as gevolg van sy kennis, wel glo.

Vervolgens het hy gesê, "help my ongelowigheid." Deur dit te sê, het hierdie man vir geestelike geloof gevra, om 'n antwoord te kry, omdat hy besef het dat hy nie geestelike geloof het om 'n antwoord te kry nie, alhoewel hy die geloof deur kennis het, deur daarvan te hoor. Toe Jesus sien hoe nederig hierdie man in sy hart was terwyl hy gevra het, het Hy die onreine gees berispe en vir dit gesê, "Jou dowe en dom gees, Ek beveel jou, verlaat hom en moet nie weer terugkeer nie." Dus het die bose gees hom verlaat, en die seun was genees.

Die vader van hierdie seun het aan die begin slegs kennis van geloof gehad, maar nadat hy vir Jesus gevra het, het hy geestelike geloof verkry. Met die geestelike geloof was sy seun deur God se werke, ten volle genees. Dus, hoe kan ons geestelike geloof besit?

Vernietig alle gedagtes en teorië wat twyfel meebring

Soos 2 Korintiërs 10:5 sê, "Daarmee vernietig ons die redenasie en elke hooghartige aanval wat teen die kennis van God gerig word. Ons neem elke gedagte gevange om dit aan Christus gehoorsaam te maak," ons moet alle gedagtes en teorië wat ons verhinder om geestelike geloof te bekom, vernietig.

Nie al ons kennis, teorië, denkwyses en waardes is altyd korrek nie. Slegs die Woord van God is die ewigdurende waarheid. Indien ons op ons eie kennis en teorie aandring, kan ons nie die Woord van God aanneem of geestelike geloof bekom nie.

Daarom, om geestelike geloof te besit, moet ons alle gedagtes en teorië verwerp, wat ons oor die Woord van God in die Bybel laat twyfel. Hoewel ons kerk en eredienste bywoon, en ons nie geestelike geloof het nie, sal ons nie die saligheid en antwoorde op ons gebede ontvang nie.

Die apostel Paulus het vleeslike geloof gehad, voordat hy die Here ontmoet het. Hy het nie vir Jesus erken nie, maar eerder hulle wie in Jesus geglo het, vervolg. Maar sedert hy die Here op sy pad na Damaskus ontmoet het, het hy sy negatiewe teorie en gedagtes verwerp en geestelike geloof bekom, waardeur hy slegs aan Christus gehoorsaam was. Uiteindelik het hy 'n gesiene apostel geword wie 'n leidende rol met die evangelisering van die nie-Jode geneem het, en die fondasie vir wêreldevangelie bewerkstellig het.

Hoor en leer die Woord van God ywerig

Om vleeslike geloof in geestelike geloof te verander, moet ons die Woord van God ywerig hoor en leer, soos wat daar in Romeine 10:17 staan, "Die geloof kom deur die prediking wat 'n mens hoor, en die prediking wat ons hoor, is die verkondiging van Christus." Indien ons nie die Woord van God leer en hoor nie, kan ons nie die waarheid ken nie, en dit ook nie verkondig nie. Dus is dit gebiedend noodsaaklik, dat ons die Woord van God sal hoor en leer.

Dit moet egter nie daar eindig nie. Indien ons net kennis versamel en dit nie toepas nie, mag dit gebeur dat ons arrogant kan word. God gee nie geestelike geloof aan sulke persone nie. Om die Woord van God, wat as kennis versamel is, in ons harte as geestelike geloof om te skakel, is daar 'n proses wat gevolg moet word. Dit is die handelinge om die Woord van God, soos dit geskrywe is, te gehoorsaam.

Byvoorbeeld, alhoewel jy die musikale partituur van 'n klavieruitvoering mag kan memoriseer, beteken dit nie dat jy 'n klavier goed kan speel nie. Alhoewel jy handleidings oor golf mag bestudeer, beteken dit nie dat jy 'n goeie golfer is nie. Jy moet oefen om 'n klavier en golf te kan speel, volgens die handleidings se voorskrifte.

Dit is dieselfde met God se Woord. Dit maak nie saak hoe dikwels jy God se Woord lees en hoor nie, maar dit het geen betekenis indien jy nie daarvolgens handel nie. Ons moet dit nie alleen net ken nie; moet ons, ons harte met die waarheid, die Woord van God, deur handelinge vul. Om ons harte met die waarheid te vul, beteken dat ons alle onwaarhede soos haat, onenigheid, afguns, begeerlikhede en ander negatiewe dinge waarvan God ons vertel, verwerp. Ons moet in mense van die waarheid verander, en nederig wees, ander probeer dien en help, terwyl ons selfs ons vyande liefhet. God sal vir ons geestelike geloof gee, deur na ons dade te kyk wanneer ons aan die Woord gehoorsaam is.

Natuurlik, alhoewel ons probeer om gehoorsaam te wees, is daar tye wat ons nie dadelik gehoorsaam is nie. Ons probeer om ander volgens die Woord van God lief te hê, maar ons kan nie ons haatdraendheid verwerp nie, en somtyds word ons kwaad, alhoewel ons probeer dit nie te doen nie. Dan moet ons vuriglik bid om die krag te ontvang, sodat ons gehoorsaam kan wees. Indien ons nie met die hulp van gebede gehoorsaam word nie, kan ons plegtige gebede, deurnag-gebede of vasperiodes aanbied, om die nodige krag te ontvang. Indien ons God se genade en krag met ons ware harte versoek, sal God defnitief vir ons die krag gee om gehoorsaam te wees. Ons kan slegs geestelike geloof bekom, wanneer ons die Woord voordurend gehoorsaam.

Nadat ons geestelike geloof bekom het deur volgens die

Woord te handel, sal ons seëninge ontvang, soos God belowe het. Ons siele sal voorspoedig wees, ons sal goeie gesondheid geniet en die begeertes in ons harte sal verwesenlik word. Nadat ons hierdie seëninge ervaar het, kan ons selfs meer gehoorsaam wees, en deur hierdie proses kan ons groter geloof bekom.

Laat ek vir jou 'n voorbeeld gee, sodat dit meer verstaanbaar is. Die volgende stelling, "Jou dors sal geles word indien jy water drink," is algemene kennis. Toe jy dors was, het jy die stelling geglo en water gedrink, en spoedig was jou dors geles. Daarna het jy dit geglo, en het jy onmiddellik water gesoek wanneer jy dors was. Nadat jy jou kennis ingespan het, het jy dit met jou hele hart geglo. Dus, vanaf die volgende keer het jy outomaties gedoen wat jy glo.

Dit is dieselfde met die Woord van God. Wanneer jy die woorde van die Bybel hoor, en jy dit gehoorsaam met geloof so klein soos 'n mostertsaad, sal jy deur jou optrede groter geloof bekom. Deur daardie ervaring, kan jy geestelike geloof bekom. Dus, tot die mate wat geestelike geloof van bo ontvang word, kan jy die volgende keer makliker ooreenkomstig die Woord optree.

Indien jou geestelike geloof sodanig groei dat dit die volle maat bereik, kan jy alles gehoorsaam, selfs al beveel God jou om iets totaal onmoontlik te doen.

Dan, nadat jy dit gehoor het, mag jy dalk wonder, "Ek lewe nie volkome volgens die Woord nie en is kleingelowig, so beteken dit dat ek nie antwoorde op my gebede sal ontvang nie?" Dit is nie so nie. Ongeag die mate van geloof ten opsigte van elke individu, slegs wanneer jy gereed is om 'n antwoord oor 'n bepaalde probleem te ontvang, sal God vir jou die geestelike geloof daarvoor gee. Byvoorbeeld, wanneer iemand graag van 'n siekte genees wil word, moet hy nie alleen met woorde getuig dat hy glo nie, maar moet hy bewys van sy geloof toon, en homself voorberei om die antwoord te ontvang. Naamlik, hy moet gebede aanbied, vastingperiodes uitvoer, deurnaggebede doen, offerandes gee en die dinge wat God sal verheerlik, vuriglik uitvoer. Wanneer jyself gereed is vir die antwoord, deur die berging van dade van die geloof, gee God jou ware geloof in die hart, en deur die geloof sal jy genees word.

Gedurende hierdie proses sal diegene met groter mate van geloof, makliker die antwoorde bekom. Dit is omdat die gebedsgeur van hulle met groter geloof baie meer en mooier, dan ander met kleiner geloof, sal wees. 'n Belangriker rede vir jou om groter geloof te hê, is omdat jou hemelse woonplek, ooreenkomstig jou mate van geloof, sal verskil.

Hoofstuk 2

Koninkryk van die hemel verduur geweld

1. Sedert die dae van Johannes die Doper tot vandag

2. Hemelse wonings is in klasse verdeel

3. Om beter hemelse woning met geweld te neem

"Sedert die dae van Johannes die Doper tot nou toe breek die koninkryk van die hemel vir homself 'n pad oop, en mense wat hulle kragtig inspan, kry dit in besit"
(Matteus 11:12).

Matteus 11:12 sê, "Sedert die dae van Johannes die Doper tot nou toe, beleef die koninkryk van die hemel geweld, en gewelddadige mense neem dit met geweld in besit." Hemel is die koninkryk van God, wie die Lig is. Dit is 'n ligarea wat die vyandige duiwel en Satan nie summier kan binnedring nie. Dus, hoe is dit moontlik om geweld te beleef, en wie kan dit 'met geweld,' neem?

Hierdie gedeelte verduidelik dat al God se geredde kinders, met geloof, sal hemel toe gaan, en daar is 'n proses vir hulle om die volle maat van geloof te bekom. Elkeen was bestem om as gevolg van die sonde in die hel te beland, maar elkeen wie Jesus Christus aanneem, kan gered word en hemel toe gaan.

Maar die vyandige duiwel en Satan probeer om die mense te ontwrig, sodat hulle nie in die evangelie moet glo nie. Hulle versoek selfs diegene wie reeds die Here aangeneem het, om te sondig. Ons gelowiges moet gedurig teen die vyandige duiwel en Satan stry, en die hemelse koninkryk met geweld inneem.

1. Sedert die dae van Johannes die Doper tot vandag

Wanneer ons die stryd teen die bose geeste oorwin, kan ons die beter hemelse wonings met geweld oorneem. Maar daar word gesê, die koninkryk van die hemel verduur geweld "sedert die dae van Johannes die Doper tot vandag toe."

Johannes die Doper is 'n persoon wie die weg vir Jesus voorberei het. Hy het voor Jesus getuig, sodat Jesus Sy evangeliebediening ten uitvoer kon bring. Dus, 'sedert die dae van Johannes die Doper tot vandag,' simboliseer die dae van Jesus Christus en die Nuwe Testamentiese tyd, waar ons saligheid met geloof ontvang het. Vervolgens, laat ons vinnig die voorwaardes van saligheid in die Ou en Nuwe Testament nagaan.

Die Ou Testamentiese tyd was die era van die Wet. Hulle was deur die dade van die Wet gered. Hulle moes die Wet onderhou, en indien hulle sondig deur die Wet te oortree, moes hulle sonde-offers bring sodat hulle sondes vergewe kon word. Nietemin, die Nuwe Testament is die tydperk van die Heilige Gees en van genade. Dit is omdat ons saligheid ontvang deur slegs in die Here Jesus te glo, en nie nodig het om sonde-offers te gee nie. Ons word van ons sondes deur die bloed van Jesus Christus, en die krag van die Heilige Gees vergewe.

Maar sommige mense verstaan dit verkeerd. Hulle dink, anders as in die Ou Testamentiese tye waartydens hulle die Wet moes onderhou, nou in die Nuwe Testamentiese dae sal hulle hul sondes vergewe word, en saligheid ontvang, deur net hardop te bely, "Ek glo," selfs al het hulle sonde gedoen. Maar hierdie gedagte is verkeerd. Saligheid deur handelinge in die Ou Testament beteken dat al het hulle kwaad in hulle harte was hulle nie verwerp nie, solank hulle dit nie deur handelinge wys nie. Nietemin, in die Nuwe Testament, deur selfs net kwaad in jou hart te hê is reeds 'n sonde, al word geen sonde deur handelinge gepleeg nie. Indien ons 'n broer haat, is ons dieselfde as moordenaars. Indien ons gulsig is, is ons dieselfde as diewe. Indien ons sonde deur handelinge doen, is dit selfs 'n groter sonde.

Galasiërs 5:19-21 sê, "Die praktyke van die sondige natuur is algemeen bekend: onsedelikheid, onreinheid, losbandigheid, afgodsdiens, towery, vyandskap, haat, naywer, woede, rusies, verdeeldheid, skeuring, afguns, dronkenskap, uitspattigheid en al dergelike dinge. Ek waarsku julle soos ek julle al vroeër gewaarsku het: Wie hom aan sulke dinge skuldig maak, sal nie die koninkryk van God as erfenis verkry nie."

Hulle wie die dade/werke van die vlees beoefen, sal nie die koninkryk van die hemel verkry nie. Anders as hierdie gedeelte, is daar baie gedeeltes in die Bybel wat ons waarsku dat hulle wie sonde doen, het niks met God in gemeen nie. God se wil vir ons wie vandag lewe, is dat ons nie alleen ontslae sal raak van ons sondes deur handelinge nie, maar ook die kwaad in ons harte sal verwerp.

Is dit dan moeiliker vir mense wie in die Nuwe Testamentiese tye leef om gered te word, as diegene wie in die Ou Testamentiese tye geleef het? Dit is egter nie so nie. In die Ou Testamentiese tye moes hulle die Wet deur hulle eie vermoë en pogings gehoorsaam wees, maar in die Nuwe Testamentiese tye kan ons nie deur ons eie kragte nie, maar slegs met behulp van die Heilige Gees se krag, ons sondes verwerp.

Romeine 10:10 sê, "Met die hart glo ons, en ons word vrygespreek; en met die mond bely ons, en ons word gered." Hulle wie waarlik in hulle harte glo, sal sekerlik die Wet nakom. Indien ons glo dat God ons Vader is, en dat Jesus vir ons sondes gekruisig is, sal ons op 'n natuurlike wyse ons sondes verwerp.

Indien ons nie net die Woord van God as kennis bewaar nie, maar waarlik die kruisliefde glo, sal ons die Wet gehoorsaam wees en regverdig word. Dit is wat God verbly en verheerlik. Diegene wie normaalweg sondig sal goeie dade verrig, en hulle wie gewoonlik skelmstreke aanvang sal eerlik word. Hulle wie gewoonlik kwaad word, sal sagmoedig en geduldig word. Dit is nie net die terughouding om sonde te doen nie, deur middel van opvoeding en wellewendheidsvorme nie, maar hulle sal die sondige natuur in hulle harte verwerp, en sodoende regverdig en heilig word.

Die mensdom kan nie deur hul eie vermoëns, hulself verander nie. Dit is slegs deur die kosbare bloed van Jesus Christus en die krag van die Heilige Gees, se hulp moontlik. Byvoorbeeld, die wêreldse mense vind dit selfs baie moeilik om net te kan ophou rook. Hulle probeer keer op keer ophou, maar hulle begin maar net weer rook. Wanneer jy na die getuienisse van gelowiges luister, hoor jy dikwels dat hulle sê dat dit maklik is om op te hou drink en rook, met behulp van die Heilige Gees nadat hulle die Here aangeneem het.

Wanneer ons die Here met geloof aanneem, en probeer om ons sondes te verwerp, sal die krag van die Heilige Gees oor ons kom, sodat ons die vermoë sal hê om nie alleenlik die sondes as gevolg van ons handelinge nie, maar ook die sondige natuur in ons harte te verwerp. Dus, ons harte sal rein en suiwer word, soos die van die Here. Omdat ons die hulp van die Heilige Gees kan ontvang, is dit nooit moeilik om met geloof saligheid te verkry, en om gedurende die Nuwe Testamentiese tye sondes te verwerp nie.

2. Hemelse wonings is in klasse verdeel

Om die hemelse koninkryk met geweld in besit te neem, beteken nie om reguit hemel toe te gaan om sodoende die hel vry te spring nie. Die hemelse koninkryk is verdeel in verskeie vlakke, dus is daar relatief party beter plekke as ander. Dus beteken dit dat ons daarna verlang om beter hemelse woonplekke met geweld te neem.

Wat ons eerstens moet onthou is dat die hemelse koninkryk nie bokant die wolke is nie, maar dat dit met ons oë sigbaar is. Die hemelse koninkryk behoort tot die geestelike hemel, en die geestelike hemel behoort tot 'n ander dimensie van die fisiese hemelruim. Die geestelike hemel is ook in verskillende dele verdeel.

Nehemia 9:6 sê, "Dit is U! U alleen is Here! U het die hemel gemaak, die hoogste hemel en sy hele leërmag, die aarde en alles daarop, die oseane en alles daarin. U laat hulle almal lewe; die hemelse leërmag buig voor U." 1 Konings 8:27 sê ook, "Sou God werklik op die aarde woon? Die hemel, selfs die hoogste hemel, kan U nie bevat nie, hoe dan nog hierdie tempel wat ek gebou het!"

2 Korintiërs 12:2 praat van apostel Paulus se gees wat na die 'derde hemel' opgaan. Indien daar 'n derde hemel is, dan moet daar 'n eerste en tweede hemel wees, en daar kan selfs nog 'n hemel bokant die derde hemel wees. Tussen baie hemele in die geestelike koninkryk, die derde hemel waarvan die apostel Paulus melding maak, is die hemel waar die hemelse koninkryk is. 2 Korintiërs 12:4 sê, "Ek weet ook dat hierdie man (naamlik die apostel Paulus) weggeruk is na die paradys toe. Of dit met die liggaam was of sonder die liggaam, weet ek nie, net God weet dit. Daar het hy woorde gehoor wat 'n mens nie kan of mag uitspreek nie." Dus, die plek wat die apostel Paulus in die derde hemel gesien het, was die paradys gewees.

Dus, wat se soort plek is die paradys? Twee misdadigers was

saam met Jesus gekruisig, een van hulle het die Here aangeneem net voordat hy gesterf het. Die paradys is die plek vir hulle wie die Here aangeneem het, en daardeur geloof verkry het om die saligheid te ontvang, net soos wat met hierdie misdadiger gebeur het. Dit is die laagste vlak van die hemelse koninkryk. Hierdie mense het nie ooreenkomstig God se Woord gelewe nie. Verder, het hulle nie vir God se koninkryk gewerk nie, dus het hulle nie hemelse belonings verwerf nie.

Verder, in Die Openbaring hoofstuk 21, sien ons die beskrywings van die stad Nuwe Jerusalem, wat ook deur die apostel Johannes gesien was. Dit is 'n heilige en glansryke stad met 12 fondasies wat met 12 verskillende edelstene versier is. Dit is die mees heerlike woonplek in die hemel. Dit huisves die troon van God, asook hulle wie groot geloof het deur volkome volgens God se Woord te handel, en dit in hulle harte beoefen.

Tussen hierdie Nuwe Jerusalem en die paradys is daar baie ander vlakke van woonplekke. Tussenin hierdie twee is daar die 1ste, 2de, en 3de koninkryke van die hemel. Jou maat van geloof sal bepaal watter woonplek jy sal binnegaan. Tot die mate wat jy die vyandige duiwel en Satan, wat jou gedurig versoek, kan oorwin en stry teen versoekings tot die punt dat jy bloed as trane stort, en suiwer van hart word, verkry jy die kwalifikasie om 'n beter woonplek te bekom.

3. Om beter hemelse woonplek met geweld te neem

Tot die mate wat ons geloof toeneem, sal ons kwalifiseer om beter hemelse woonplekke te bekom, en dit is wat bedoel word met die stelling van, om die hemelse koninkryk met geweld te neem. In Matteus 13:31-32 het Jesus vir ons 'n gelykenis gegee omtrent die stelling, om die hemelse koninkryk met geweld te neem. Dit sê, "Die koninkryk van die hemel is soos 'n mosterdsaadjie wat iemand gevat en in sy land geplant het. Dit is die kleinste van al die soorte saad, maar as dit uitgegroei het, is dit groter as die tuinplante en word dit 'n boom, sodat die voëls in sy takke kom nes maak."

'n Mosterdsaadjie is een van die kleinste saadsoorte, en is so groot soos 'n pen se punt. Die geloof van hulle wie net gered is, is so groot soos 'n mosterdsaadjie. Maar indien hulle die saad in hulle harte sou saai, en dit goed versorg, sal hul geloof so groot en kragtig soos 'n boom groei, wat geen probleme in die sterk storms ervaar nie. Net soos wat baie voëls hul neste in groot bome maak, en ook daarin rus, sal hulle met groot geloof baie siele omvou. Hulle kan lewe plant in diegene met swak geloof, en ook geestelike rus vir hulle bied. Indien jy baie siele in jou hart kan omvou, beteken dit dat jy groothartig is, en in die hemelse koninkryk sal jy in 'n groter en baie mooier woonplek woon.

Selfs die mooiste en gelukkigste dinge op hierdie aarde kan

geensins met die hemel vergelyk word nie. Selfs die laagste woonplek in die hemel, die paradys, is baie mooier as enige mooi plek op die aarde. Verdermeer, die 1ste koninkryk van die hemel kan nie met die paradys vergelyk word nie, en die 2de koninkryk is nie met die 1ste koninkryk vergelykbaar nie. So kan ons ook sê dat die 3de koninkryk totaal van die 2de koninkryk verskil. Dus, hoe kan die mens met woorde die glorie van die stad Nuwe Jerusalem, waar God se troon gehuisves word, beskrywe?

In die hemel is selfs die paaie van suiwer goud gemaak, en daar is goue en silwer sand rondom die rivier met die lewenswater, wat sy oorsprong vanaf die troon van God gekry het. Kleurvolle visse swem in die helderwater wat soos juwele glinster. Die skoonheid en geur van een enkele blom en een enkele blaar kan nie met enigiets op die aarde vergelyk word nie. Daar is geen besoedeling, veroudering, bederwing of dood nie. Engele bedien jou meesterlik, en wag vir jou. Somtyds word baie mooi musiek vir jou gespeel.

Jy sal met ongelooflike vreugde saam met God die Drie-eenheid, en jou dierbares woon. Vernaamlik God se kinders wie die Nuwe Jerusalem binnegaan, sal die vreugde en eer geniet wat die belangrikste keiser op die aarde nie eens geniet nie.

Die apostel Paulus het so baie hoop verkry deur net die paradys te sien, en kon sy pad met vreugde bewandel, alhoewel hy namens die Here so baie ontberings moes verduur. Indien jy duidelik meer van die hemelse koninkryk te wete kom, sal jy besef dat die dinge op die aarde eintlik betekenloos is. Jy sal alle wêreldse begeertes en betekenlose wellus verwerp, en jouself ooreenkomstig die Woord van God verander, en probeer om die hemelse koninkryk met geweld te neem.

Aan die einde van die menslike bestaan sal daar oor die hemelse woonplekke besluit word. Selfs hulle met min geloof kan die Nuwe Jerusalem binnegaan, mits hulle voortgaan om die hemelse koninkryk ywerig na te volg. Die teendeel is egter ook waar, al het jy die geloof om die 1ste of die 2de koninkryk van die hemel te bewoon, kan jou geloof ook afneem sodat jy in die paradys beland, of selfs nie saligheid verkry nie, indien jy nie die ongeregtighede uit jou hart verdryf nie.

1 Korintiërs 10:12 sê, "Daarom, wie meen dat hy staan, moet oppas dat hy nie val nie." Daarom, hoop en vertrou ek dat jy ernstig sal wees om die hemelse koninkryk te bereik, en spoedig groter geloof sal bekom. Ek bid dit in die naam van die Here dat jy die tyd sal inruim, en ywerig na die hemelse koninkryk beweeg, en die beste woonplek met geweld sal inneem.

Hoofstuk 3

Maat van Geloof

1. Maat van geloof deur God gegee

2. Geloofsvlakke en mensdom se groei

3. Maat van geloof volgens Esegiël se siening

4. Maat van geloof deur die meting van ander se werk

"Kragtens die genade wat aan my gegee is, sê ek vir elkeen van julle: Moenie van jouself meer dink as wat jy behoort te dink nie. Nee, lê jou liewer daarop toe om beskeie te wees in ooreenstemming met die maat van geloof wat God aan elkeen toebedeel het" (Romeine12:3).

Terwyl die mense op die aarde lewe, werk hulle hard om gehalte voedsel te eet, uitstekende klere te dra en in 'n goeie omgewing te woon. Maar selfs al swoeg hulle so hard, en geniet hulle voorspoed en beroemdheid op die aarde, is alles maar net tydelik. Die dood tree in na ons kort lewe, en elkeen word daarna beoordeel, en gaan of hemel of hel toe. Nadat daar op die hemel of hel besluit is, verander dit nooit weer nie.

Selfs hulle wie gered is en na die hemelse koninkryk gaan, se woonplekke en glories sal verskil. 1 Korintiërs 15:41 sê, "Die glans van die son is anders as dié van die maan of dié van die sterre. Ook verskil die een ster se glans van dié van die ander." In die hemelse koninkryk kom sommiges in die lieflikste plekke soos die son, terwyl ander die vreugde van die maan of die sterre sal geniet.

Die soort lewe wat ons in die koninkryk van die hemel sal lei, sal deur ons dade op die aarde bepaal word. Die soort hemelse woonplek en die vreugde wat ons sal geniet, sal bepaal word deur die mate waartoe ons die Woord van God verkondig het, ons sondes verwerp het en ons harte gesuiwer het, asook tot watter mate ons teenoor God se koninkryk geloofwaardig is. Daarom, moet ons altyd die vlak van ons geloof kontroleer, en daarna strewe om groter geloof te bekom.

1. Maat van geloof deur God gegee

Romeine 12:3 sê, "Nee, lê jou liewer daarop toe om beskeie te wees in ooreenstemming met die maat van geloof wat God aan elkeen toebedeel het." Dit vertel vir ons baie duidelik dat elke persoon 'n verskillende maat van geloof het.

Baie mense sê dat hulle in God die Skepper, en Jesus Christus as hulle persoonlike Saligmaker glo. Die mate van elkeen se geloof verskil egter. Byvoorbeeld, daar was die misdadiger wie langs Jesus gekruisig was, en bely het net voordat hy gesterf het, om gered te word. Petrus was sy hele lewe lank aan die Here toegewyd. Dus, die geloof van hierdie twee persone moet sekerlik verskil. Sommiges het groot geloof, terwyl ander se geloof so klein soos 'n mosterdsaadjie is.

Jesus het somtyds mense geprys vir hulle groot geloof (Matteus 15:28) terwyl hy by ander geleenthede mense berispe het vir hulle kleingelowigheid (Matteus 17:20). Ons mag prysinge ontvang of berispe word ooreenkomstig die hoeveelheid geestelike geloof wat ons het. Hulle wie groot gelowig is, sal die begeertes van hulle harte onmiddellik ontvang. Maar daar is andere met minder geloof wie 'n dag lank sal moet vas of ernstig sal moet bid, en ook ander wie vir 'n aantal maande of jare sal moet bid.

Daar is verskillende mates van geloof, en ooreenkomstig ons getrouheid om volgens God se Woord te lewe, word verskillende mates van geloof deur God toegedeel. Ons moet hierdie begrip verstaan, en in mense van geloof verander. Laat ons na die Bybelse voorbeelde kyk, wat ons van die verskillende mates van geloof vertel.

2. Geloofsvlakke en mensdom se groei

1 Johannes 2:12-14 verduidelik aan ons omtrent die vlakke van geestelike geloof, rakende die mensdom se groeiproses.

"Ek skrywe vir julle, liewe kinders, omdat julle sondes vergewe is in die Naam van Jesus. Ek skrywe vir julle, vaders, omdat julle Jesus ken wat van die begin af daar was. Ek skrywe vir julle, jongmense, omdat julle die Bose oorwin het. Ek het vir julle geskrywe, kinders, omdat julle die Vader ken. Ek het vir julle geskrywe, vaders, omdat julle Jesus ken wat van die begin af daar was. Ek het vir julle geskrywe, jongmense, omdat julle sterk is en die woord van God in julle bly en julle die Bose oorwin het."

Hier, 'klein kinders,' 'jongmense', en 'vaders' is nie omtrent fisiese ouderdom nie, maar verwys na die mates van geestelike geloof. 'n Kind mag 'n groot mate van geestelike geloof hê, terwyl 'n volwassene slegs 'n kinderlike geestelike mate van geloof mag hê.

Kinderlike geloof

Wanneer iemand wie nie vir God geken het nie, vir Jesus Christus aanneem, word hy van al sy sondes vergewe. Hy ontvang daarmee die gawe van die Heilige Gees, en die reg om 'n kind van God te word (Johannes 1:12). Hierdie geloof is skaars genoeg om die saligheid van 'n klein kindjie te bekom, en met die vergelyking van die fisiese liggaam, is dit gelykstaande aan die van 'n pasgebore baba.

Hulle ken nie die waarheid goed genoeg nie, en verder probeer hulle ook nie daarvolgens lewe nie. Maar, hulle hoor die evangelie en het die Here aangeneem, dus het hulle die geloof van iemand wie net begin glo het, waarmee hulle die Heilige Gees en die salligheid kan ontvang.

Alhoewel hulle deur die Heilige Gees wedergebore word, ken hulle nie God se Woord baie goed nie. Selfs al ken hulle God se Woord redelik, het hulle nog nie die krag om daarvolgens te lewe nie. Alhoewel hulle getuig dat hulle in God glo, het hulle nog steeds vir die wêreld 'n groot liefde. Wanneer daar 'n beproewing kom, is hulle geneig om mismoedig te raak. Selfs nadat ons gered is en 'n kind van God word, moet ons nie by hierdie geloofsvlak bly nie. Net soos wat pasgebore babas baie vinnig elke dag groei, moet ons geloof ook elke dag met behulp van die geestelike voedsel van God se Woord, vinnig groei.

Geloof van kinders

Wanneer die geloof van klein kinders groei, word dit kindergeloof. Wanneer pasgebore babas verby die speentydperk gaan, sal hulle hul ouers en ander voorwerpe tot 'n sekere mate herken. Selfs wanneer hulle hul ouers kan herken, ken en weet hulle nie veel van hul ouers nie, insluitende hul geletterdheid, voorkeure en karaktereienskappe nie.

In die geestelike groeifase, verwys kinders, na hulle wie weet dat God hulle Vader is. 'n Gedeelte van 1 Johannes 2:14 sê, "...Ek het vir julle geskrywe, kinders, omdat julle die Vader ken."

Vir die gelowiges om die Vader te ken, is om te weet dat God hul Vader geword het. Wanneer pasgebore babas groter word, sal hulle hul moeder en vader herken. Net so, wanneer ons in die geloof voortgaan met ons lewe, nadat ons Jesus Christus aangeneem het, sal ons God se wil en hart verstaan.

Ons weet ook dat ons aan Sy Woord gehoorsaam moet wees.

Dit is wat verstaan word met, 'ons ken die Vader'. Somtyds is ons gehoorsaam, en ander tye nie. Wanneer ons beproef en versoek word, sal ons kla, of 'n wrok koester en mismoedig word. Vir hierdie rede is die geloofsvlak nie die volle maat van geloof nie.

Maar sommige mense sê, "Ek ken vir Jesus Christus, en vir God," en nogtans gaan hulle selfs nie eers kerk toe nie. Hulle meen dat hulle die Bybel een of tweekeer gelees het, of dat hulle voorheen Christene was of dat hulle by iemand anders omtrent Christenskap gehoor het. Dit is egter onwaar dat hulle 'die Vader ken'.

Indien hulle waarlik God ken, sal hulle weet dat God die Skepper is, wie die hemel en die aarde sowel as ons gees geskep het, en dat Hy Sy enigste verwekte Seun gestuur het, sodat ons die saligheid mag bekom. Verder sou hulle ook geweet het dat die hemel en die hel bestaan, en hulle die saligheid moet bekom om hemel toe te gaan. Indien hulle bewus is van hierdie feite, sal hulle sekerlik die Here aanneem, en kerk toe gaan. Maar indien hulle nie die Here aanneem nie, en sonder enige verhouding met God lewe, dan is dit onwaar wanneer hulle sê, "Ek ken vir God."

Geloof van jongmense

Wanneer kinders opgroei, word hulle jong volwassenes.

Betreffende geloof, wanneer hulle wie die geloof van opgroeiende kinders het, is dit so dat hulle die geloof van jongmense verkry. Deur die Woord van God en gebed, begin hulle verstaan wat sonde is, en wat God regtig van hulle verwag.

1 Johannes 2:13-14 sê, "Ek skrywe vir julle jongmense, omdat julle die Bose oorwin het. Ek het vir julle geskrywe, jongmense, omdat julle sterk is en die woord van God in julle bly en julle die Bose oorwin het." Omdat die Woord van God in hulle bly, het hulle hul hoop op die hemel en nie op hierdie wêreld geplaas nie. Dus, kan hulle die kwaad, naamlik die vyandige duiwel en Satan, oorkom. Hulle kan deur die Woord, die versoekings van die vyandige duiwel verdryf. Op hierdie stadium sal hulle nie eers tydens beproewinge weifel nie. Hulle bid sonder ophou, en oorkom beproewings met danksegging.

Geloof van vaders

Soos wat mense deur die tyd as jong volwassenes gaan, 'n tydperk van krag en 'n sterk wil, word hulle meer ervare en verkry die vermoë om meer dinge in die lewe te verstaan. Hulle bekom beter oordeelsvermoë, en hulle kan by verskeie geleenthede nederig optree. Met ons geloof ook, hulle wie vaders is verstaan die diepte en oorsprong van God; hulle het 'n hoër geloofsvlak waar hulle God se voorsienigheid verstaan.

Die geloof van vaders is die vlak om Hom wie van die begin af daar was, soos 1 Johannes 2:14 sê, "Ek het vir julle geskrywe, vaders, omdat julle Jesus ken wat van die begin af daar was." Natuurlik, "Hy wie van die begin af daar was" is God. Maar om God op hierdie vlak te ken, verskil volkome daarvan om God op die vlak van 'n kind te ken. Om God op 'n geloofsvlak van 'n kind te ken, is net soos 'n onvolwasse kind se verstaansvlak teenoor hulle ouers.

Maar die geloof van 'n vader is die geloof om selfs die diep dinge van God te verstaan, asook die oorsprong van God, die groot Skepper. Byvoorbeeld, Moses het die oorsprong van God geken, en het van God die openbaringe ontvang en die pentateug geskrywe. Omdat Abraham die hart van God verstaan het, en die dade wat God verheerlik, vertoon het, was hy as 'n vriend van God gereken. Hierdie is die vlak om die een te ken wie van die begin af daar was.

Ons kan aan God se Woord volkome gehoorsaam wees en God verheerlik, slegs wanneer ons God se diepsinnige hart en Sy oorsprong verstaan. Hierdie soort geloof is die geloof van vaders. Diegene wie die geloof van die vaders het, behoort die voorbeeld vir baie ander mense te stel. Hulle aanvaar enige persoon met nederigheid. Hulle swaai nie van links of regs nie, maar bly standvastig by die waarheid. Hulle verstaan die hart en wil van

God en gehoorsaam dit, dus ontvang hulle God se liefde en seëninge.

3. Maat van geloof volgens Esegiël se visioen

In Esegiël hoofstuk 47, word verskillende mates van geloof verduidelik deur middel van die waterdieptes wat Esegiël in sy visioen gesien het. Esegiël het 'n visioen gesien, waartydens die water vanaf onder die tempel se drumpel gevloei het. Die water het rondom die tempel, en daarna uit die tempel gevloei.

Esegiël 47:3-5 sê, "Die man het oos gestap en met die maatlyn wat hy by hom gehad het vyf honderd meter afgemeet van die oospoort af. Toe laat hy my deur die water loop. Dit was enkekdiep. Hy het nog vyf honderd meter afgemeet en my deur die water laat loop. Dit was kniediep. Hy het nog vyf honderd meter afgemeet en my deur die water laat loop. Dit het tot by my heupe gekom. Toe meet hy nog vyf honderd meter, maar toe was die water'n stroom waar ek nie kon deur nie. Die water was diep, sodat 'n mens sou moes swem; dit was 'n stroom waar 'n mens nie deur kon loop nie."

Hier simboliseer water die Woord van God. Dit was God se Woord wat uit die tempel gekom het, en na die hele wêreld gegaan het. 'n Man het 'n duisend el met 'n maatlyn in sy hand na die ooste uitgemeet, en dit simboliseer dat die Here elkeen se geloof ooreenkomstig sy geloof, voor die Groot Wit Troon sal beoordeel. Die een met die maatband in sy hande, was 'n engel van die Here. Dit sê ook dat die water die enkels, die knie, die heupe bereik wanneer hy 'n duisend el gemeet het, en dit sal elkeen se mate van geloof simboliseer.

Die water wat die enkels bereik het, beteken hulle het die geloof van klein kinders, naamlik die geloofsvlak waar jy skaars saligheid kan ontvang. Die water wat die knie bereik, simboliseer die geloof van kinders, en die leeus, dus die jongmense se geloofsvlak. Die water wat hoog genoeg styg sodat 'n mens daarin kan swem, simboliseer die vaders se geloof.

Om 'n duisend el standplase vir die breë hart te bepaal, presies en perfek, en diepsinnige hart van God wat alle aspekte ondersoek. Wanneer God iemand se geloof bepaal, neem Hy nie net een aspek in berekening nie, maar alle faktore word oorweeg. Hy ondersoek nie net elke handeling nie, maar selfs ook die diepsinnigheid van elkeen se hart, sodat dit perfek en akkuraat bepaal word.

4. Maat van geloof soos deur die meting van ander se werk

1 Korintiërs 3:12-15 gee ook vir ons 'n gelykenis omtrent die maat van geloof.

"Of dit goud, silwer, edelstene, hout gras of strooi is waarmee iemand op die fondament bou, elkeen se werk sal aan die lig kom. Die dag wanneer Christus kom, sal dit duidelik word. Die dag kom met vuur, en die vuur sal die gehalte van elkeen se werk toets. As iemand se bouwerk bly staan, sal hy beloon word; as iemand se werk verbrand, sal hy nie beloon word nie, en tog sal hy self gered word, maar soos iemand wat uit die vuur geruk is."

Hier verwys die fondament na Jesus Christus . Die 'werk' is die eindproduk van elkeen se poging van wat hulle verrig het. Naamlik, hulle sal verskillend beloon word, ooreenkomstig die soort pogings en arbeid wat hulle verrig, om hulle geloofsdade te stoor. Elkeen wie in Jesus Christus glo, se werk sal op 'die dag' onthul word. Dus, wanneer is 'die dag'?

Eerstens, is dit wanneer ons oor ons kerkpligte geëvalueer word. Aan die einde van elke kwartaal van die jaar, sal elkeen se opbrengste geëvalueer word, tot watter mate hy sy pligte met geloof uitgevoer het. Diegene wie hulle pligte genoegsaam uitgevoer het sal beloon word, maar wie dit nie goed gedoen het nie, mag dalk berispe word en nie in die toekoms met die take vertrou word nie.

Tweedens, dit is wanneer ons aan vurige toetse onderwerp word. Diegene wie geloof soos goud het, sal nie voor God kla nie, maar sal eerder verheug wees en dankbetuigings doen, terwyl hulle aan toetse en beproewings onderwerp word. Somtyds vind ons dat hulle wie entoesiasties en gelowig voorkom, nie ware geloof openbaar wanneer hulle aan toetse onderwerp word nie.

Derdens, die dag om die werke te toon, is die Oordeelsdag voor God, die laaste dag van die aarde se bestaan. Elkeen se werke sal voor die troon van God onthul word. God bepaal presies hoe gelowig en toegewyd ons teenoor God se koninkryk op hierdie aarde was, en gee vir ons hemelse woonplekke en belonings, ooreenkomstig ons mate van geloof.

Werke deur vurige beproewinge onthul

Wanneer God elkeen se werke onthul, sal die werke wat onthul word verskil, ooreenkomstig elkeen se mate van geloof. Sommiges het geloof soos goud, silwer of edelstene, maar ander se geloof is soos hout, hooi of strooi.

Goud word alreeds vir 'n lang periode as 'n gesogte edelmetaal beskou. Dit het die grootste smeebaarheid en handelbaarheid onder al die metale, en dit behou sy glans met die verloop van tyd, dus was dit wêreldwyd vir die maak van muntstukke, versierings en handwerkstukke gebruik. Goud se kwaliteit wissel nooit, en dit kan maklik in enige vorm verander word. Dit is waarom dit as die kosbaarste metaal beskou word. Silwer het na goud die tweede grootste smeebare en handelswaarde van die ander metale. Dit het ook groot warmtegeleiding, dus was dit nie alleenlik vir muntstukke en handwerkstukke gebruik nie, maar ook vir industriële doeleindes. Dit is minder mooi en sal ook heelwat minder as goud glinster.

Kosbare edelstene is die volgende. 'n Mens mag dink dat dit kosbaarder as goud en silwer is. Natuurlik, kosbare edelstene soos diamante en smararg het pragtige kleure en uitstralings, maar dit het nie so 'n wye gebruik soos goud en silwer nie, en indien dit 'n vlek het of indien dit breek, is dit nie so baie werd nie.

Die Openbaring 4:2-3 sê, "Onmiddellik is ek deur die Gees meegevoer. Ek het gesien daar staan 'n troon in die hemel en op die troon sit daar Iemand. Sy voorkoms was soos opaal en karneool..." God se afbeelding vertoon soos opaal en karneool. Hierdie kosbare edelstene word gemeld om die skoonheid van

God te weerspieël, terwyl 1 Korintiërs 3:12-15 die kosbare edelstene naas goud en silwer ooreenstemmend elkeen se nuttigheid, vermeld. Volgende is hout, hooi en dan strooi.

God ondersoek elkeen om vas te stel wie die werke van goud, silwer, kosbare edelstene, hout, hooi of strooi, vertoon. Hulle wie geloof soos suiwer goud het, sal nie gedurende vurige beproewinge wegbeweeg nie. Hulle oorkom die beproewinge met dankbaarheid en vreugde, waarna hulle groter seëninge as vantevore ontvang. Maar soos wat die vlak afwaarts beweeg na silwer, kosbare edelstene, hout, hooi en strooi, sal die krag om beproewinge te oorkom, afneem. Silwer word nie in die vuur verbrand nie, maar is minder kosbaar as goud. Alhoewel kosbare edelstene nie in die vuur verbrand word nie, sal hul waarde drasties afneem, indien dit as gevolg van vuur gebreek word.

Hulle wie die geloof soos kosbare edelstene het, toon gewoonlik tekens dat dit goed gaan, maar gedurende beproewinge koel hulle passie af, en hulle verloor hul volkomenheid. Net soos wat kosbare edelstene selfs in vuur bestand sal bly, het hulle nog take oor gedurende die vurige beproewinge. Dus, alhoewel hulle nie so goed is as diegene met geloof soos goud of silwer nie, sal hulle nogtans in die hemel ooreenkomstig hulle geloofsdade, beloon word.

Die geloof van hout, hooi en strooi is minder as die van kosbare edelstene, en hulle werke word in die vuur verbrand. Sommige van hulle mag dalk nie eers die geloof hê om die saligheid te ontvang nie. Hulle gaan kerk toe, en dit lyk of hulle 'n goeie geloofslewe lei, maar hulle is ongelowig en kan nie saligheid ontvang nie. Geloof van hout, hooi of strooi is nie genoeg nie, en ons moet nie met die geloof van kosbare edelstene en silwer tevrede wees nie. Ons moet geloof soos suiwer goud hê, om sodoende op die oordeelsdag, wanneer God elkeen se werke beoordeel, groot belonings van God te ontvang.

Die Bybel vertel vir ons by baie geleenthede omtrent die maat van geloof. Efesiërs 4:13 sê, "So sal ons uiteindelik almal kom tot die werklike eenheid in ons geloof en in ons kennis van die Seun van God. Dan sal ons, sy kerk, soos 'n volgroeide mens wees, so volmaak en volwasse soos Christus." Soos gesê, ons moet toenemende mates van geloof hê, tot die mate van Christus se volmaaktheid.

Om dit te doen, word gesê dat ons moet tot die werklike eenheid in ons geloof, en in ons kennis van die Seun van God kom. Dit beteken dat ons nie alleenlik die Bybel in ons brein moet hoor en verstaan nie, maar dit glo en in ons harte moet bewaar, deur dit in ons dade ten toon te stel. Wanneer ons op hierdie wyse die sonde verwerp deur so te handel, word ons ware kinders van God, wie hy graag wil bekom. Dan kan ons die ewige liefde met die Here deel, en met hom 'n pad op hierdie aarde en in die hemel stap.

Hoofstuk 4

Eerste Vlak van Geloof

1. Geloof om saligheid te ontvang

2. Geloof om die Heilige Gees te ontvang

3. Geloof van die misdadiger wie langs Jesus aan die kruis gehang het

4. Paradys, woonplek vir hulle op die eerste geloofsvlak

"Toe antwoord Petrus hulle: 'Bekeer julle en laat elkeen van julle gedoop word in die Naam van Jesus Christus. Dan sal God julle sondes vergewe, en sal julle die Heilige Gees as gawe ontvang. Wat God belowe het, is vir julle en vir julle kinders en vir almal wat daar ver is, vir almal wat die Here ons God na Hom toe sal roep'"
(Handelinge 2:38-39).

Tydens 'n lang reis sien ons padtekens wat afstande aandui, sodat ons kan sien hoe ver ons nog moet reis om ons bestemming te bereik, en dit gee vir ons 'n mate van gemoedsrus. Op dieselfde wyse kan ons 'n groter maat van geloof bekom, indien ons deur die Woord, ons huidige stand van ons geloof verstaan. Net soos wat ons trappe, trap vir trap moet kllim, netso groei ons geloof, stap vir stap.

Ons het netnou na die sinnebeeld van geloof in vergelyking met goud, silwer, kosbare edelstene, hout, hooi en strooi gekyk. Hier, uitgesonderd die soort geloof, waardeur ons nie saligheid kan bekom nie, kan ons die verskillende mates van geloof in vyf vlakke ooreenkomstig hulle karaktertrekke verdeel. Die eerste vlak van geloof, is die laagste vlak hiervan.

1. Geloof om saligheid te ontvang

Die eerste geloofsvlak is 'geloof om saligheid te ontvang'. Dit kan ook genoem word, 'geloof om die Heilige Gees te ontvang'. Al die mense is in sonde gebore, sedert Adam se val. Verder, regdeur hulle lewens sondig die mens en is aan die duiwel, die regeerder van die sonde, gehoorsaam. Alle mense was gedoem om hel toe te gaan omdat hulle sondaars was, en omdat hulle in sonde gebore was, en self ook gesondig het.

Al is daar baie mense van wie gesê word dat hulle goed is, is hulle inderwaarheid ook sekerlik sondaars. Net soos wat die kleinste stofdeeltjie in baie skerp lig sigbaar sal word, netso sal die versteekte kwaad in die lig van God se Woord, ontvou word. Romeine 3:10 sê vir ons duidelik, "DAAR IS NIE EEN WAT REGVERDIG IS NIE, SELFS NIE EEN NIE," niemand is sonder sonde ooreenkomstig die geregtigheid van die Wet nie.

Vernaamlik in God se oë is daar nie net die sondes van uiterlike aard soos, uitbarstings weens kwaadheid, twiste, of diefstal, maar ook inwendige gevoelens soos, haat en afguns, is ook sondes. In 1 Johannes 1:8 word gesê, "As ons beweer dat ons nie sonde het nie, bedrieg ons onsself en is die waarheid nie in ons nie."

Die God van liefde het Sy enigste verwekte Seun, Jesus, gestuur vir ons wie sondaars was. Sondaars bestem om met die dood gestraf te word (Romeine 6:23). Maar, Jesus het die prys betaal vir die sondes van die sondaars, deur gekruisig te word. Nogtans, omdat Jesus sondeloos was, het Hy die dood oorwin en op die derde dag weer opgestaan.

Hulle wie in hierdie feit glo, kan deur die kosbare bloed, van hul sondes vergewe en gered word. Wanneer ons die evangelie hoor en Jesus Christus as ons persoonlike Saligmaker aanneem, stuur God die Heilige Gees om in ons hart te kom woon. Johannes 1:12 sê ook, "Maar aan almal wat Hom aangeneem het, dié wat in Hom glo, het Hy die reg gegee om kinders van God te word."

Indien ons Jesus Christus aanneem, vergifnis vir ons sonde ontvang en die saligheid bekom om sodoende 'n kind van God word (1 Johannes 2:12), beteken dit dat ons by die punt gekom het waar ons die eerste vlak van geloof besit. Dit is gelykstaande aan die 'geloof van klein kinders' of 'die geloof van hooi'.

2. Geloof om die Heilige Gees te ontvang

In Handelinge 19:1-2 het die apostel Paulus aan 'n groepie dissipels in Efese gevra, "Het julle die Heilige Gees ontvang toe julle gelowig geword het?" Hulle het gesê dat hulle nog nooit van die Heilige Gees gehoor het nie.

Die dissipels het in God geglo asook in die doop van Johannes die Doper, maar van die Heilige Gees het hulle niks geweet nie. Die apostel Paulus het omtrent Jesus Christus getuig en hulle die hande opgelê, en die Heilige Gees het oor hulle gekom. God het belowe dat Hy vervolgens die gees van God oor alle mense in die laaste dae sal uitstort (Joël 2:28; Handelinge 2:17). Dit was volbring, en hulle wie die gees van God ontvang het, naamlik die Heilige Gees, het saam vergader om 'n kerk te vorm.

Ons kan slegs 'n kind van God word, wanneer ons die Heilige Gees ontvang. Handelinge 2:38 verduidelik hoe ons die Heilige Gees kan ontvang.

Dit sê, "Bekeer julle en laat elkeen van julle gedoop word in die Naam van Jesus Christus. Dan sal God julle sondes vergewe, en sal julle die Heilige Gees as gawe ontvang."

Wanneer ons die evangelie hoor moet ons, ons harte oopmaak en bely dat ons sondaars is, en vergifnis vir ons sondes ontvang, dan sal God die Heilige Gees in ons harte plaas. Die Heilige Gees is 'n gawe van God wat as 'n belofte aan diegene gegee word, wie Jesus Christus aangeneem het en kinders van God geword het (2 Korintiërs 1:21-22).

Wanneer ons die Heilige Gees ontvang, word ons naam in die boek van die lewe as God se kind, wie gered is, aangeteken. Dan ontvang ons burgerskap van die heilige koninkryk. Net soos wat ons 'n baba se geboorte by die plaaslike regeringskantoor gaan registreer, word ons naam as 'n hemelse burger aangeteken.

Die Heilige Gees kom in daardie kinders van God, wie Jesus Christus aangeneem het. Hy wek hulle dooie geeste weer op, en lei hulle om volgens God se wil te lewe, deur die begeertes van die Heilige Gees te volg.

Op die eerste vlak van die geloof het die mense net die Heilige Gees ontvang om gered te word, en het nog niks vir God gedoen nie. Hulle het nog nie God se Woord gehoor of dit gehoorsaam nie, en het ook nog nie 'n stryd gevoer, om hulle sondes te verwerp nie. Hulle het nog niks vir die koninkryk van God gedoen om Sy glorie te openbaar nie, en kerkverpligtinge het nog nie begin nie. Die misdadiger wie gered was, volgens Lukas hoofstuk 23, behoort tot hierdie eerste geloofsvlak.

3. Geloof van die misdadiger wie langs Jesus aan die kruis gehang het

In Lukas 23:33, sien ons dat met Jesus se kruisiging, was daar twee misdadigers wie ook gekruisig was, een het aan elke kant van Jesus se kruis gehang. Een van die misdadigers het Jesus saam met ander sondige mense gekritiseer en bespot. Die ander misdadiger het die eerste misdadiger egter berispe, en sy geloof in Jesus bely. In Lukas 23:42 is aangeteken dat hy gesê het, "Jesus, dink aan my wanneer U in u koninkryk kom." Hy het sy gees vir Jesus aangebied. Jesus antwoord hom: "Ek verseker jou: Vandag sal jy saam met My in die paradys wees." Hierdie misdadiger het Jesus Christus as sy Verlosser aangeneem, en gedurende sy laaste lewensoomblikke die belofte van die hemelse koninkryk ontvang.

Deur te sê, 'jy sal met My in die paradys wees,' het Jesus nie bedoel dat Hyself in die paradys woon nie, maar Hy het dit gesê omdat Hy die Meester is van die hemelse koninkryk, wat die paradys insluit.

Die paradys is 'n woonplek vir hulle wie saligheid verkry het deur jammerte, naamlik hulle wie op die eerste geloofsvlak is. Dit is om te sê dat hulle in die buitewyke van die hemelse koninkryk woon, en geen voordele ontvang het nie. Daardie misdadiger het net sy sondes bely, en Jesus Christus aangeneem, daardeur het hy vergifnis vir sy sondes ontvang. Hy het niks vir die Here gedoen nie, dus is hy in die paradys opgeneem.

Indien die misdadiger langer gelewe het, sou hy nadat hy diie saligheid ontvang het, 'n geloofslewe gelei het en kon die eindresultaat baie anders gewees het. Indien hy die Heilige Gees se begeertes nagevolg het, en die sondes verwerp het en in die geloof vir die koninkryk van God gewerk het, kon hy net in sy geloofslewe gegroei het. Daardeur kon hy dan die beter tweede of die derde hemelse woonplek binnegegaan het.

Gewoonlik mag mense dink dat slegs hulle wie so pas Jesus Christus aangeneem het, en die Heilige Gees onlangs ontvang het, behoort tot die eerste geloofsvlak, maar dit is nie noodwendig die geval nie. Indien ons geen poging aanwend om die Woord van God te verkondig nie, terwyl ons weet dat die Woord al vir 'n geruime tyd aan gelowiges verkondig word, dan is ons op die eerste geloofsvlak, waar jy skaars die saligheid kan ontvang.

Somtyds sal mense wie blyk om 'n voldoende hoër geloofsvlak te hê, ook die vleeslike werke (sondes deur dade gepleeg) soos steel, leuens vertel of seksuele onsedelikheid pleeg. In daardie gevalle mag hulle terugval na die eerste geloofsvlak, ooreenkomstig hul sondes se ernstigheid.

Merendeels, nadat hulle die Heilige Gees ontvang het, is hulle geesgevul en sal enigiets wat hulle by die kerk van die Woord leer, gehoorsaam. Dus, op daardie oomblik mag dit voorkom of hulle geloof baie sterk is. Maar na die verloop van tyd mag hulle die volheid van die Gees verloor, en na die wêreld se dinge terugval. Dan, mag hulle weer met die wêreld bevriend raak en sondig, deur hul ou leefwyse voort te sit. Indien hulle weer die wêreld se leefwyse aangryp, mag die Heilige Gees uitgedoof word en dit sal nie weer maklik wees om selfs die eerste geloofsvlak te herwin nie.

Daarom, indien jy nog op die eerste geloofsvlak is, kan jy nie stagneer nie. Jy moet eredienste, gebedsaksies, en ander byeenkomste bywoon, sodat jy meer van God se Woord kan leer en dit verkondig wat jy geleer het, om sodoende vinniger in die geloof te groei, totdat jy die tweede en derde geloofsvlakke bereik. Indien jy nie volgens God se Woord lewe nie en voortdurend sondig, sal jou naam, wat in boek van die lewe geskrywe is, moontlik uitgewis word, wat beteken dat jy nie gered sal word nie.

4. Paradys vir hulle op die eerste geloofsvlak

Die paradys is die woonplek vir hulle wat op die eerste geloofsvlak is. Dit is die laagste woonvlak in die hemelse koninkryk, maar dit is so 'n gelukkige, mooi, en rustige plek en kan met geen ander plek op die aarde vergelyk word nie. Van hieraf aan, waarom kan jy jou nie die mooiste, aangenaamste, en gelukkigste plek in jou gedagtes, en met jou verbeeldingskrag voorstel nie?

Die lug is helderblou, met wit wolke wat soos in 'n prentjie rondbeweeg. Daar is 'n strand met sagte glinsterende sand. Die see is so helder, dat jy diep en duidelik daarin kan sien. Baie vissoorte met verskillende kleure swem tussen die koraalriwwe rond.

Daar is pragtige plante en bome. Pragtige blomme bloei wyd rondom jou, terwyl die blommegeur vanaf al vier kante na jou toe aankom. Sagte grasperke strek eindeloos ver. In aangename weersomstandighede, nie te koud of warm nie, hoor jy hier en daar gelukkige mense wat lag. Indien hulle 'n pragtige en rustige plek op aarde sien, sal selfs ongelowiges uitroep, 'Dit is soos die hemel!' of 'Dit is die paradys op die aarde!'

Selfs die mooiste plek op die aarde of enige ander plek wat jy jou kan voorstel, kan nie met die paradys in die hemelse koninkryk vergelyk word nie. 'n Blaar en 'n plant verskil net so baie van dit op die aarde. Selfs 'n voël se veer het verskillende kleur, sagtheid en glans. Dus, indien iemand na die paradys gaan en alles is so mooi, soos in 'n droom, sal hy dit nie kan verhelp nie, maar deur God se liefde aangeraak word en sê, 'Hoe kon 'n persoon soos ek sulke genade ontvang?'

Die helderwater van die lewe het sy oorsprong van God se

troon gekry, en beweeg rondom Nuwe Jerusalem, die 3de koninkryk, die 2de koninkryk, en die 1ste koninkryke van die hemel, en vloei daarvandaan na die paradys toe. Weerskante van die rivier met die lewenswater is daar lewensbome wat maandeliks twaalf verskillende vrugtesoorte voortbring. Diegene wie die paradys met hulle geestelike oë gesien het, het sekerlik baie tuine gesien wat ongelooflik goed ontwerp is, asook grasperke in 'n goedversorgde plek, wat eindloos ver strek.

Die baie singende voëls klink soos musiek, die blomme bloei en verskaf lieflike geure, en jy kan soveel vrugte van die bome eet as wat jy wil. Daar is geen siektes, dood, skadelike diere of natuurrampe nie.

Wil jy vir ewig in die paradys woon? Natuurlik is die paradys 'n goeie plek. Ons moet egter nie daarmee tevrede wees nie. Ons moet beslis 'n beter hemelwoning deur geweld, in besit neem. Dit maak nie saak hoe goed die paradys is nie, maar sy vreugdes verskil beslis van die vreugdes in die 1ste koninkryk van die hemel. Daar is ook groter verskille in, vergelykende hoër hemelse woonplekke.

Byvoorbeeld, jy mag dalk dink aan pragtige huise soos kastele, wat van suiwer goud en verskillende edelstene gebou is. Jy kan ook aan jouself dink, terwyl jy roemryke krone en uitrustings soos prinse en prinsesse, dra. Jy kan jouself voorstel dat onderdanige engele jou as hul meester bedien. Dit word egter nie in die paradys aangetref nie.

Hulle wie in die Paradys woon het nie hemelse vergoeding, krone of eie huise nie. Dit is omdat hemelse vergoeding slegs gegee word, indien ons in die geloof handel, en iets geloofwaardig vir God se koninkryk doen. Met die 1ste geloofsvlak, is iemand skaars gered, dus kan hy nie sy hemelse vergoedings versamel nie.

Natuurlik, alhoewel hulle nie hul eie huise het nie, beteken dit nie dat hulle al die tyd buite op die grasperke woon nie. Selfs op die aarde het ons tot 'n mate vergaderlokale wat deur baie mense saam gebruik word. Eweneens, is daar plekke wat deur mense saam gebruik kan word, sodat hulle daar kan byeenkom en 'n aangename rus kan geniet. Hulle benadeel nie ander nie, en verontrief hulle nie, alhoewel hulle die fasaliteite saam gebruik. Omdat daar geen kwaad in die hemel is nie, is hulle toegeeflik en help mekaar, dus is hulle net gelukkig.

Nogtans, al is die paradys 'n gelukkige plek, moet ons nie sê, "Ek is tevrede om na die paradys te gaan." Indien jy waarlik gelowig is, sal jy na die beter hemelse woonplekke uitsien. Deur die beter hemelse plekke in te neem, moet jy aan God se Woord gehoorsaam wees, kwaad uit jou hart te verwyder, en jouself in 'n heilige persoon te verander. Sodra hierdie proses om 'n beter hemelse woonplek te bekom, 'n aanvang neem, is dit die 2de geloofsvlak se begin.

Sommiges sê, "Ek wil die wêreld nou geniet en sal later, wanneer ek oud is, die kerk gaan bywoon." Hulle hoor die evangelie en ken dit, maar hulle het die wêreld steeds lief, en wil nie 'n Christelike lewe lei nie. Niemand ken egter sy sterfdatum nie! Verder, al het iemand sy sterfdatum geken, en gou probeer om 'n Christelike lewe te lei, is daar enige waarborg dat hulle die geloof sal bekom, om die saligheid te ontvang?

Die Heilige Gees is God se gawe, deur Sy genade voorsien. Ons kan dit nie net verkry, omdat dit ons begeerte is nie. Selfs al bely ons dat ons glo, kan ons nie die hemelse koninkryk binnegaan, sonder dat ons geloof en die Heilige Gees ontvang het nie. Indien enigiemand van julle nog nie die Heilige Gees ontvang het nie, moet julle vir God om Sy genade vra, sodat julle die Heilige Gees kan ontvang. Verder, indien jy alreeds die Heilige Gees ontvang het, moet jy nie daar ophou nie, maar 'n vuriger Christelike lewe lei, sodat jy 'n beter hemelse woonplek kan verkry, om sodoende die vreugdevolle seëninge van God se kinders te ontvang.

Hoofstuk 5

Tweede Vlak van Geloof

1. Geloof om die Woord te probeer verkondig

2. Moeilikste stadium van die Christelike lewe

3. Ek het vir jou melk gegee om te drink, nie vaste voedsel nie

4. Eerste koninkryk van die hemel aan hulle op die tweede geloofsvlak gegee

╰❀╯

"So vind ek dan hierdie wet in my: ek wil die goeie doen, maar al wat ek doen, is die slegte. Diep in my wese vind ek vreugde in die wet van God, maar ek vind in my doen en late 'n ander wet, wat stryd voer teen die wet van my gees. Dit maak my 'n gevangene van die wet van die sonde wat in my doen en late aan die werk is. Ek, ellendige mens! Wie sal my van hierdie doodsbestaan verlos? Aan God die dank! Hy doen dit deur Jesus Christus ons Here. So is dit dus met my gesteld: met my gees dien ek die wet van God, maar in my doen en late die wet van die sonde"
(Romeine 7:21-25).

╰❀╯

Deur die Heilige Gees te ontvang, verkry ons die versekering van die saligheid. Ons kan glo dat Jesus gekruisig was, weer opgewek is en ons Saligmaker geword het. Dadelik nadat ons die Here aangeneem het en die Heilige Gees ontvang het, word al ons minder ernstige siektes weggeneem en deur die vuur van die Heilige Gees genees. Sommige mense ontvang die gawes van die Heilige Gees deur in ander tale te kan praat. Ons voel verlig in ons harte deur die genade van vergifnis, en ons word vervul met vreugde en geluk. Ons lofprysinge bly voortgaan en ons voel verheug om die kerk by te woon.

Soos wat die blydskap en vreugde voortduur, bly hulle nie slegs by die 1ste geloofsvlak nie, maar groei tot die tweede en derde geloofsvlak voort. Nogtans, indien hulle geloof nie na wense groei nie en konstant bly, sal die Heilige Gees in hulle begin grom van ongelukkigheid. Hulle sal hul selfvoldaanheid verloor en bedroef voel. Dus, laat ons nou verder ondersoek instel, na wat die tweede geloofsvlak behels.

1. Geloof om die Woord te probeer verkondig

Die tweede geloofsvlak is die 'geloof om die Woord te probeer verkondig'. Gelowiges vind dit vreugdevol om van God se Woord te hoor en te leer. Gedurende eredienste en byeenkomste leer hulle om die Sabbatdag te heilig, en hulle tiendes behoorlik te gee. Verder, leer hulle van God se Woord wat sê, 'gee liefde, bid, dien ander, leef in vrede,' asook 'moenie haat nie; moenie owerspel pleeg nie, gee ander die voordeel,' en so aan.

Dan, ooreenkomstig die Woord begin hulle dink dat dit hulle plig is, om in God se hart te arbei. In hierdie stadium woon die Heilige Gees reeds in elkeen se hart, en herinner hulle aan God se Woord om hulle te help om volgens die waarheid te handel.

Romeine 8:26 sê, "Die Gees staan ons ook in ons swakheid by: ons weet nie wat en hoe ons behoort te bid nie, maar die Gees self pleit vir ons met versugting wat nie met woorde gesê word nie."

Wanneer God se kinders nie volgens Sy Woord lewe nie, maar wetteloosheid beoefen, dan grom die Heilige Gees en in hul harte voel hulle bedroef. Wanneer hulle aan die Woord gehoorsaam is en in die waarheid handel, dan sal die Heilige Gees jubel. Dan het hulle vrede en vreugde in hulle harte, en hulle is met die Heilige Gees gevul.

Gedurende hulle eerste geloofsvlak woon hulle kerk by en glo in die Here, maar hulle lewe steeds ooreenkomstig hulle ou gewoontes. Sommiges van hulle kan nie ophou om te drink en te rook nie. Ander word kwaad en gebruik kru taal, terwyl sommiges leuens vertel om hulself te probeer bevoordeel. Hulle verskil eintlik nie veel van die wêreld se mense nie.

Omdat hulle God se Woord nie ken nie, en ook nie weet wat

waar en onwaar is nie, besef hulle nie dat hul sondig nie. Hulle is soos pasgebore babas wat nie skaamte het, wanneer hulle naak is nie. Op hierdie vlak besef hulle nie eers die Heilige Gees se ontevredenheid nie.

Maar nogtans het hulle die begeerte om ooreenkomstig die Woord van God, wat hulle geleer het, op te tree. Wanneer hulle uiteindelik begin om God se Woord te verkondig, tree hulle tot die tweede geloofsvlak toe. Op die tweede geloofsvlak, indien iemand steeds sondig, terwyl hy God se Woord ken, kan hy die Heilige Gees se ontevredenheid aanvoel. Hulle dink, "Met inagneming van die waarheid, moet ek dit nie doen nie. Die Woord sê moet nie..." Hulle voel in hulle harte neerslagtig, en verloor die geesgevulde volheid. Hulle besef in hulle harte dat God nie verheug is nie.

2. Moeilikste stadium van die Christelike lewe

Die tweede geloofsvlak is die geloof van kinders. Dit is soos die geloof van hout. Hulle wie op hierdie geloofsvlak is, mag dalk dink dat om 'n Christelike lewe te lei, baie moeilik is. Hulle hoor God se Woord en neem dit in, as kennis opgedoen. Maar, hulle nog nie die waarheid as geheel verkondig nie. Hulle probeer om volgens die waarheid te handel, en somtyds behaal hulle sukses met geestelike stryde, deur die waarheid te verkondig. Nogtans, tydens sekere tye is hulle nie in staat om die waarheid te verkondig nie.

Hulle weet dat hulle hul volle tiendes moet gee, maar somtyds kan hulle dit nie doen nie. Verder probeer hulle om nie ander te haat nie, maar besef dan dat hulle steeds haatdraendheid in hulle het. Hulle het owerspelige gedagtes dus ontvlam hul begeertes, wanneer hulle persone van die teenoorgestelde geslag sien. Somtyds wanneer hulle beproewinge deurmaak, is hulle nie dankbaar nie, maar sal eerder beskuldigende woorde uitbasuin.

Hulle probeer baie hard om die Woord te verkondig, maar kan dit nie regtig baie goed doen nie. Dit is waarom dit die moeilikste stadium is om 'n Christellike lewe te lei. Steeds moet ons nie ontmoedig word, of handdoek ingooi nie. Ons moet aanhou om met geloof, te probeer. Alhoewel Woordverkondiging nog nie op hierdie stadium ten volle kan plaasvind nie, erken God dat ons geloof het om die saligheid te ontvang, deur ons pogings om volgens Sy Woord te lewe, te oorweeg.

Indien gelowiges op hierdie vlak vir God krag vra, en probeer om volgens Sy Woord te handel, sal hulle sekerlik daarvan bewus word dat hulle besig is om te verander. Diegene wie geneig is om ongeveer tien keer per maand kwaad te word, sal net vyf keer kwaad word. Later sal dit na drie keer afneem, en uiteindelik sal die punt bereik word waar daar nie meer gesondig word nie. Soos wat hulle hulself op die wyse verander, beweeg hulle nader aan die derde geloofsvlak.

Die apostel Paulus vertel vir ons in Romeine hoofstuk 7

waarom dit so moeilik voel om 'n geloofslewe te lei.

Romeine 7:21-23 sê, "So vind ek dan hierdie wet in my: ek wil die goeie doen, maar al wat ek doen, is die slegte. Diep in my wese vind ek vreugde in die wet van God, maar ek vind in my doen en late 'n ander wet, wat stryd voer teen die wet van my gees. Dit maak my 'n gevangene van die wet van die sonde wat in my doen en late aan die werk is."

Daar is gelowiges wie bedroef voel, nadat hulle van God se Woord geleer het, omdat hulle steeds die begeerte het om beide goed en sleg te doen, en dan oorlog tussen die twee te verklaar. Ons moet baie wysheid hê, wanneer ons aan sulke persone geestelikesorg voorsien. Net omdat hulle drink en rook kan ons hulle nie net vra om dit te staak nie.

Veronderstel daar is 'n nuwe gelowige wie slegs die Sondagoggend eredienste bywoon, en dan sy winkel in die namiddag vir besigheid oopmaak. In hierdie geval sal dit beter wees om hom op 'n oordeelkundige wyse daarop te wys dat hy gedurende die weeksdae 'n groter omset sal hê, indien hy op Sondae sy winkel gesluit hou, en nie handel op Sondae dryf nie.

Dit beteken nie dat ons hulle net so kan los waar hulle met hulle geloofslewe is nie. Indien kinders nie groei nie, beteken dit dat hulle ernstige probleme het, en kan selfs sterwe. Op dieselfde wyse, indien nuwe gelowiges nie probeer om volgens God se

Woord op te tree nie, sal hul geloof versleg en mag hulle dalk hulle saligheid inboet, dus moet ons hulle voortdurend ondersteun en behulpsaam wees.

Op die tweede geloofsvlak probeer hulle volgens God se Woord lewe, maar dit is nie omdat hulle God se wil begryp, soos uitgebeeld in die Woord wat uit hul harte kom nie. Hulle probeer om dit met 'n mate van gehoorsaamheid te onderhou, omdat hulle geleer het dat hulle dit moet nakom.

Byvoorbeeld, met die gee van die opdrag om die Sabbatdag te heilig, is daar vir die opdrag 'n betekenis sowel as 'n rede. Die Sabbatdag is 'n dag wat deur God geseën word, en deur dit te heilig is 'n bewys dat ons aan God behoort. Indien ons dit verstaan en doen, kan die vyandige duiwel en Satan nie enige toets of beproewinge oor ons bring nie. Indien ons in ons harte die betekenis van die opdrag, om die Sabbatdag te heilig verstaan, is dit nie moeilik om die Woord te onderhou nie en sal dit eerder 'n plesier wees om God te prys en om Hom te aanbid, en kameraadskap met die gelowige broers te hê.

Wanneer ons nie die Woord met ons hart verstaan nie, mag die situasie 'n bietjie verskil. Eerder as om Sondae kerk toe te gaan, wil hulle eerder by die huis bly om te rus. Hulle mag dalk saam met hulle vriende wil uitgaan, of ander dinge doen.

Verskille mag ontstaan omdat hulle beide die begeerte het om die Sabbatdag te ontheilig, of te eerbiedig. Dit is die Heilige Gees se begeerte om die Woord te heilig, en die vlees se begeerte wat die wêreldsloon teen elkeen in hulle harte voer.

Die geveg is die felste wanneer die krag van die twee begeertes dieselfde of amper gelykstaande is. Indien die een kant baie sterker as die ander kant is, behoort daar nie konflik te wees nie. Indien die hart van die waarheid sterker is, sal iemand baie makliker die waarheid beoefen, maar indien die hart van die onwaarheid sterker is, sal hy eerder die weg van die onwaarheid volg.

In die middelstadium van die tweede geloofsvlak is die kragte van die waarheid en die onwaarheid feitlik dieselfde, en daarom is die stryd die felste. Dit hoef nie so vir 'n baie lang periode te bly nie. Soos wat ons die begeertes van die Heilige Gees deur gebed volg, sal die begeerte om die onwaarheid te volg, stelselmatig begin afneem.

Dan, sal dit makliker wees om die waarheid na te volg, en ons sal gelukkiger voel om 'n geloofslewe te lei. Deur dit te doen, kan ons die geloofsvlak bereik, waar ons God se Woord kan beoefen. Dit is die derde geloofsvlak, die geloof om God se Woord te beoefen. Dit is die geloof om vaste voedsel, en nie melk of sagte voedsel, te eet nie.

3. Ek het vir jou melk gegee om te drink, nie vaste voedsel nie

Ons kan sien dat die apostel Paulus die lede van die Korintiërs Kerk in hulle geloofslewe opgevoed het, soos wat mense kinders sal opvoed.

1 Korintiërs 3:1-3 sê, "Broers, ek kon met julle nie praat soos met mense wat hulle deur die Gees van God laat lei nie; ek moes praat soos met wêreldse mense, soos met kindertjies in die geloof in Christus. Ek het julle met melk gevoed, nie met vaste kos nie, want julle kon dit nog nie verteer nie. En julle kan dit ook nou nog nie verteer nie, want julle is nog wêreldse mense. Daar kom jaloesie en twis onder julle voor. Is dit nie omdat julle nog wêrelds is en julle wêrelds gedra nie?"

Indien daar jaloesie en twis ontstaan, is dit 'n aanduiding dat hulle op die eerste of tweede geloofsvlak is, en nog nie in staat is om God se Woord te beoefen nie. In so 'n geval, moet ons hulle oordeelkundig en sagkuns begelei, asof ons 'n baba versorg. Dit is waarom daar gesê word, dat vir hulle melk gegee word. Soos wat hulle geloof toeneem om God se Woord te verstaan en te beoefen, beteken dit dat hulle vaste voedsel kan inneem.

Wat sal gebeur indien ons vleis en rys vir 'n baba voer, terwyl die baba veronderstel is om net melk te drink? Die baba se lewe sal in gevaar gestel word. Wanneer ons aan gelowiges geestelike begeleiding gee, moet ons hulle maat van geloof ken en hulle wyslik lei. Dit beteken nie dat ons 'n nuwe gelowige moet ignoreer en los, indien hy nie die Sabbatdag heilig nie. Ons moet dat hulle verstaan wat God se wil is. Ons kan vir hulle van God se wil vertel, tesame met 'n aantal lewensgetuienisse, sodat daar geloof in hulle geplant word, en hulle met hulle eie geloof kan handel.

Hulle wie melk drink, moet probeer om die gelowiges te word wie vaste voedsel kan inneem. Indien daardie persone wie by die eerste of tweede geloofsvlak is, probeer om in die geloof te groei, sal God hulle van toetse en beproewinge weerhou. Hulle moet egter nie vir 'n lang periode op hierdie vlak bly nie. Hulle moet ywerig probeer om hulle geloof deur God se Woord en gebed, te verhoog. Dan mag God hulle toelaat om deur beproewinge te gaan en te oorkom, om sodoende groter geloof deur God te verkry.

Indien diegene wie veronderstel is om op die derde geloofsvlak te wees, handel soos iemand wie op die eerste of tweede geloofsvlak is, sal die vyandige duiwel en Satan beskuldigings teen hulle inbring, wat tot straf vir hulle kan lei. Indien ons opsetlik nie God se Woord beoefen nie, mag ons uiteindelik die weg van die dood bewandel. Dus met 'n angstige hart, God moet straf toelaat om plaas te vind in ons lewens, as gevolg van Satan se beskuldigings (Hebreërs 12:6-7).

Indien ons nie gestraf word nie, al het ons ook gesondig, beteken dit dat ons tot dieselfde mate van God se liefde afwyk.

Indien God nie enigiemand as Sy kind aanvaar nie, beteken dit dat daardie een se siel in die hel sal opeindig. Daarom, indien ons vir ons sondes gestraf word, moet ons, ons sondes bely en verstaan dat God nog steeds vir ons lief is.

4. Eerste koninkryk van die hemel aan hulle op die tweede geloofsvlak gegee

Hulle wie op die 2de geloofsvlak is, sal in die eerste koninkryk van die hemel woon. Anders as in die paradys sal 'n persoonlike huis aan hulle gegee word, asook 'n kroon en 'n beloning. Daardie gelowiges wie hulle wedloop van geloof suksesvol voltooi en die oorwinning behaal, gaan na die hemelse koninkryk en sal ewigdurende krone ontvang. Die kroon vir die eerste koninkryk van die hemel is die 'onverganklike kroon'.

1 Korintiërs 9:25 sê, "Almal wat aan 'n wedstryd deelneem, ontsê hulleself allerlei dinge. Hulle doen dit om 'n verganklike oorwinnaarskroon te verkry, maar ons 'n onverganklike." Alhoewel hulle nog nie al die onware dade verwerp het nie, is bloot die feit dat hulle probeer om God se Woord te beoefen, bewys dat hulle deelgeneem het aan die wedloop van die geloof met die oog op die ewige, onverganklike dinge. Dus, sal hulle die 'onverganklike kroon' verkry.

Daar is huise in die 1ste koninkryk van die hemel, maar dit is nie aparte persoonlike huise of soos kastele nie. Hulle lyk ietwat na vertrekke of kommunes van hierdie wêreld. Tussen diegene wie die hemelse koninkryk gesien het, het gesê dat hulle huise gesien het wat soos vertrekke of kommunes vertoon. In hierdie geval het hulle die eerste koninkryk van die hemel gesien.

Die huise in die hemelse koninkryk is van hemelse materiaal, soos suiwer goud en edelstene, gebou. Daar is nie trappe tussen die vloere nie, maar slegs pragtige hysbakke. Selfs al druk hulle geen knoppies wat die vloere aandui nie, sal die hysbak outomaties stop op die vloer waar jy wil heengaan. Wanneer jy die huis binnegaan, is alles reeds gereed, sodat jy geen ongerief sal verduur nie.

Indien jy 'n musiekliefhebber is, sal daar musiekinstrumente wees wat speel. Indien jy van boeke hou, sal daar boeke wees. Daar is ook 'n rusplek gemaak, ooreenkomstig jou smaak. Elke huis is gebou en ingerig ooreenkomstig elke inwoner se smaak, sodat jy onbeperkte vreugde en bevrediging in die eerste koninkryk van die hemel kan belewe.

In die eerste koninkryk van die hemel is daar geen persoonlike dinge buitekant die huise nie. Daar is baie pragtige tuine, gholfbane, swembaddens en ander sportfasaliteite, maar al hierdie dinge is ook vir die gebruik van die publiek beskikbaar. Daar is nie 'n engel wie jou persoonlik sal bedien nie, maar hulle is op al die noodsaaklike plekke geplaas, sodat wanneer God se kinders die fasaliteite gebruik, sal hierdie engele hulle behulpsaam wees.

Sommige mense mag dalk wonder of die lewe in die hemel baie vervelig is. Daar is egter so baie verskillende soorte vermaak wat pret en plesier verskaf, dat dit geensins met enigiets op die aarde vergelyk kan word nie. Ons sal uitstekende feesmale hê, en sportbyeenkomste asook baie ander vorme van vermaak, kan geniet. Verder ook omdat daar geen vleeslike dinge in die hemel is nie, is daar niks wat jou gedagtes kan verander nie. Dus, iets soos verveeldheid bestaan geensins nie. Elke oomblik sal vol van vreugde en blydskap wees. Ons moet nie net met die eerste koninkryk van die hemel tevrede wees nie. Onse Vader verkies dit dat ons na die beste woonplek sal strewe, Nuwe Jerusalem, en daar gaan woon. Daarom moet ons opgroei om 'n groter maat van geloof te bekom.

Hoofstuk 6

Derde Vlak van Geloof

"Elkeen dan wat hierdie woorde van My hoor en daarvolgens handel, kan vergelyk word met 'n verstandige man wat sy huis op rots gebou het. Die stortreën het geval, vloedwaters het afgekom, winde het teen daardie huis gewaai en daaraan geruk, en tog het dit nie ingestort nie, want die fondament was op rots"
(Matteus 7:24-25).

Voordat ek 'n pastoor geword het, het ek baie gebedsterreine in die berge besoek om te vas en te bid. Op 'n dag het ek 'n aantal pastore onder mekaar hoor gesels. Die onderwerp van bespreking was, of God se kinders in staat is om die Tien Gebooie te onderhou. Hul gevolgtrekking was dat die mens nie die Tien Gebooie ten volle kan onderhou nie. Hulle het gesê dat hulle moet probeer om dit te onderhou, maar omdat hulle nie die sondige natuur in hulle harte kan verwerp nie, kan hulle nie die gebooies ten volle onderhou nie.

Byvoorbeeld, oor die gebod, 'Moenie owerspel pleeg nie,' het hulle gesê dat hulle dit wel deur handeling kan uithou, maar kan nie die wellus self kan beheer nie. Terwyl ek na hulle gesprek geluister het, het ek hulle baie jammer gekry. Ek het geweet dat dit God se wil is dat ons selfs nie in ons harte owerspel moet pleeg nie (Matteus 5:28). Dus het ek baie gebid en gevas om die owerspelige gedagtes te verwerp, totdat ek uiteindelik daarin geslaag het.

1 Tessalonisense 4:3 sê, "Dit is die wil van God dat julle heilig moet lewe. Weerhou julle van onsedelikheid." Dit is die wil van God die Vader dat ons, ons sondes sal verwerp en volkome volmaak sal word. God beveel ons om dit te doen, omdat ons dit deur sy krag kan doen in die geloof, omdat ons dit nie op ons eie kan vermag nie. Anders as gedurende die Ou Testamentiese tye het ons vandag die Heilige Gees met ons, daarom is ons meer as in staat om die gebooies te onderhou.

1. Geloof om volgens die Woord te handel

Die Bybel het hoofsaaklik vier soorte bevele aangaande die dinge wat ons moet doen, nie moet doen nie, onderhou en moet verwerp.

Tydens die tweede geloofsvlak probeer hulle om die Woord te onderhou, en somtyds om dit te beoefen, terwyl by ander geleenthede kan hulle nie. In die proses wat hulle probeer om die Woord te beoefen, groei hulle geloof en die maat van hul geloof neem toe. Op hierdie wyse, wanneer hulle die vlak bereik waar hulle geredelik die Woord kan beoefen, is die derde geloofsvlak bereik. Dus, die derde geloofsvlak is die geloofsvlak om die Woord te beoefen.

Tydens die tweede vlak mag jy dalk somtyds die dade van die vlees pleeg, maar by die derde vlak pleeg jy nie meer die dade van die vlees nie. Vanaf die derde geloofsvlak word jou dade hervat, en word jy die lig en die sout van die wêreld. Selfs wanneer mense jou belaster en sonder rede kritiseer, sal jy dit stilweg verdra, en sal jy probeer in moeilike tye nog steeds te juig en dankbetuigings te doen. Jy kyk uit vir die voordele van jou naaste en dien hulle. Dus, wanneer mense in die wêreld na hulle op die derde geloofsvlak kyk, moet hulle kan aanvoel dat hierdie gelowiges waarlik Christene genoem kan word.

Tydens die derde vlak onderhou jy nie Woord omdat jy

daartoe gedwing word nie, maar jy beoefen dit vrywilliglik, omdat jy die wil van God verstaan. Deur net die Woord in jou kop te hê, en om dit in jou hart te hê, is twee totaal verskillende variasies. Laat ons as voorbeelde neem, om die Sabbatdag te heilig en om ons tiendes te gee.

Deur die Sabbatdag te heilig, bewys ons dat ons gees aan God behoort, sedert die handeling om die Sabbatdag te heilig die geestelike mag van God erken. Wanneer God se kinders die Sabbatdag heilig, beskerm God hulle teen teenspoed, siektes en ongelukke gedurende die week en lei hulle siele op die weg van voorspoed.

Verder, om jou volle tiende te gee, is om God se materiële mag te erken, asook te erken dat al ons besittings is van God afkomstig. Dit maak nie saak hoe hard ons werk en probeer nie, maar as God nie voorsien nie, kan ons geen vrugte oes nie.

Dus al ons inkomste behoort aan God, maar ons gee aan Hom net een tiende daarvan, terwyl ons toegelaat word om die res vrylik te gebruik. Wanneer ons behoorlik ons tiendes gee, sal God ons bewaar om nie ons rykdom te verloor nie, en Hy belowe dat ons geseën sal word met oorvloed totdat die pakkamers sal oorvloei (Maleagi 3:10).

Alhoewel, daar is gelowiges wie sulke woorde van God gehoor het en ken, maar kan dit nie kan onderhou nie. Selfs al onderhou hulle dit, voel hulle daartoe gedwing. Dit is omdat hulle dit nie in hulle harte ken nie, maar dit is net kopkennis. Maar hulle wie by die derde geloofsvlak is, heilig die Sabbatdag en gee hulle tiendes, omdat hulle in hulle harte glo dat dit 'n seëning is om so te handel. Daarom, die derde geloofsvlak verskil geweldig baie van die tweede geloofsvlak, omdat diegene wie by die derde geloofsvlak is, beoefen die Woord en in hul harte verstaan hulle God se wil.

2. Om die goeie stryd te voer, om sodoende die sondes van die vlees te verwerp

Selfs al verstaan hulle nie regtig God se wil tydens die tweede vlak nie, hoor en ken hulle dit, dus probeer hulle om die Woord te beoefen. Indien hulle bid en probeer om op te tree, skenk God vir hulle die genade van bo, om tydens sekere oomblikke uit die diepte van hulle harte te kan verstaan. Dit versterk hulle, daarom kan hulle toenemend die Woord beoefen.

Pasgebore babas kan nie onmiddellik loop nie. Eerstens beweeg hulle hul hande en voete en soos wat hulle kragte toeneem, sal hulle begin om hulle liggaampies om te rol. Uiteindelik sal hulle begin kruip, en later op hul voete begin staan. Tydens hierdie proses versterk hulle hul bene, en uiteindelik kan hulle loop en selfs hardloop. Geloof werk op dieselfde wyse. Jy kan nie die genade en krag ontvang om op te tree, deur net na die boodskappe te luister nie. Jy moet self bid en probeer om volgens die Woord te handel. God kyk na jou hart en gee vir jou die genade, om Sy Woord te verstaan. Soos wat jou kragte toeneem om die Woord te beoefen, sal jy nie meer voel dat dit lastig is om dit te beoefen nie.

Net soos wat jy jou gewone daaglikse lewe lei, sal dit 'n natuurlike ding binne jou word om 'n standvastige Christelike lewe te lei. Omdat die sigbare onwaarhede grotendeels verwyder is, doen jy nie meer die vleeslike dade nie. Nou verwerp jy die vleeslike dinge, en verwyder uit jou hart die sondige natuur. Totdat die Woord ten volle in jou hart gesetel is en jy jou sondige drange verwerp het, moet jy aanhou om die stryd in die geloof te stry.

1 Tessalonisense 5:16-18 sê, "Wees altyd bly. Bid gedurig. Wees in alle omstandighede dankbaar, want dit is wat God in Christus Jesus van julle verwag." Met die oog op hierdie vers, laat ons in meer besonderhede na die derde geloofsvlak kyk.

Indien jy nie die betekenis van hierdie vers in jou hart verstaan nie, sal jy wanneer jy moeilike tye belewe probeer om bly en dankbaar te wees, maar dit sal net uiterlik sigbaar wees. Diep in jou hart sal jy dink, "Ek beleef hierdie moeilike situasie, dus hoe kan ek nog dankbaar wees?" Jy probeer bly wees, maar later kan jy dit nie meer verdra nie, en mag jy dalk begin om te kla.

Indien jy aanhou probeer om die Woord deur jou gebede te gehoorsaam, sal jy vanaf 'n sekere stadium begin om God se wil te verstaan. Jy moet besef, "Lewe op die aarde is net 'n oogwenk lank, alhoewel daar ontberings is. Ek vertrou om die ewige hemelse koninkryk binne te gaan, hoe dankbaar is dit! God antwoord my wanneer ek met geloof vra. Ek sal die antwoord ontvang, en aan God die eer gee, dus hoe vreugdevol is dit nie!" Op hierdie wyse kan jy die dinge besef, waarvoor jy dankbaar kan wees.

Verder, sal jy groter geloof bekom deur te glo dat die toetse en beproewinge sal verdwyn, indien jy jou dankbetuigings, ooreenkomstig Sy Woord aan God opoffer. Blydskap en dankbetuigings ooreenkomstig God se Woord is 'n handeling van die lig wat aan God behoort. Toetse en beproewinge word deur die vyandige duiwel en Satan oor ons gebring. Wanneer daar lig in 'n donker kamer inkom, moet die duisternis verdwyn. Op dieselfde wyse, wanneer jy waarlik dankbetuigings doen en in jou hart verheug is, sal die toetse en beproewinge met die hulp van die geestelike lig verdwyn, en sal jy in werklikheid seëninge ontvang.

Indien jy dit in jou hart besef, kan jy bly en dankbaar in die geloof wees, selfs in baie moeilike tye. Dan sal jy ervaar dat die toetse en beproewinge, in werklikheid deur God se genade en krag, ook sal verdwyn. Nadat jy hierdie dinge ervaar het, sal jy 'n sterker geloof bekom, en wanneer jy die volgende keer toetse moet deurstaan, kan jy juig en dankbaar wees en dit makliker oorkom.

Al mag jou optrede wys dat jy ooreenkomsig tot die Woord optree, beteken dit nie noodwendig dat jy reeds by die derde geloofsvlak is nie. Al woon jy die Sondag se erediens elke week by en jy dit doen omdat jou familielede jou beveel om te gaan, of indien jy ydelike gedagtes het deur te dink, "Ek wil graag huistoe gaan om TV te kyk, of om aan 'n sokkerwedstryd deel te neem," dan kan ons nie sê dat jy by die derde geloofsvlak is nie.

Eweneens, geloof moet nie verander nie, maar somtyds, omdat die seëninge nie gou genoeg realiseer vir wat jy vir God gedoen het nie, is jy spyt oor wat jy vir God gegee het, of jy keer terug na jou ou lewenswyse. Ons kan nie sê dat hierdie mense die vlak in hulle harte bereik het om te verstaan, sodat hulle in staat is om in die geloof te handel nie. Daarom kan ons nie 'n persoon se geloofsvlak meet, net deur een of twee dinge dinge van 'n persoon se uiterlike reaksies, in berekening te bring nie. Ons kan dit onderskei deur vas te stel hoeveel 'n persoon in sy hart van God se wil weet, en hoe hy daarvolgens handel.

1 Johannes 2:14 sê, "...Ek het vir julle geskrywe, jongmense, omdat julle sterk is en die woord van God in julle bly en julle die Bose oorwin het." Die geloof in die jong mense in hierdie vers is die derde geloofsvlak.

Omdat die Woord van God in hulle bly, kan hulle altyd die Woord beoefen, en met die swaard van die Woord kan hulle die Bose, naamlik die vyandige duiwel en Satan, oorkom. Dus, wanneer hulle probleme ondervind, mag hulle dalk tydelik daarmee worstel, maar spoedig sal hulle hul gedagtes verander en op God vertrou, waarna hulle dankgebede van lofprysinge sal aanbied. Hulle vra vir die krag van God, wat tot alles en almal se voordeel is. Indien ons by God se Woord bly, en die Woord van God bly in ons, kan ons met die krag van God enige probleem oorkom.

3. Vroeë stadium van die derde vaste geloofsvlak

Alhoewel hulle by dieselfde geloofsvlak is, het elke persoon 'n verskillende maat van geloof. Indien ons elke geloofsvlak in persentasies verdeel, mag hulle maat van geloof dalk 10%, 20%, of 50% binne dieselfde geloofsvlak wees. Wanneer hulle die 100ste persentasiepunt bereik, beweeg hulle aan na die volgende geloofsvlak. Byvoorbeeld, tydens die tweede geloofsvlak, hoe nader jy aan die 100ste persentasiepunt beweeg, hoe nader is jy aan die derde geloofsvlak. Sodra jy die 100ste persentasiepunt by die derde geloofsvlak bereik, beteken dit dat jy nou by die vierde geloofsvlak is.

By die derde geloofsvlak, ten spyte daarvan dat hulle die

Woord beoefen, het hulle nogtans in hulle gedagtes teenstrydighede. Hulle verstaan en wil graag God se wil gehoorsaam, maar weens die sondige natuur in hulle harte, verklaar hierdie twee begeertes oorlog teen mekaar. Die geestelike gedagtes probeer om die weg van geregtigheid te volg, terwyl die vleeslike gedagtes die strydlustige weg wil gaan.

Soos bo verduidelik, wanneer jy ontberings deurmaak, tydens die tweede geloofsvlak probeer jy om verheug en dankbaar te wees, maar is nie in staat om die probleme te oorkom nie, en dan is jy somtyds geneig om uiting aan jou klagtes te gee. Nogtans, by die derde geloofsvlak kan jy tydens moeilike tye, verheug wees en dankbetuigings doen. Selfs by dieselfde derde geloofsvlak kan jy 100% perfekte vreugde en dankbaarheid belewe nie.

Tydens die vroeë stadium van die derde geloofsvlak, wanneer jy probleme ondervind, ontstaan daar vleeslike gedagtes soos, "Dit is te moeilik." Dan, mag jy ontmoedig word en jou Geesgevuldheid mag dalk ook verdwyn. Maar spoedig wanneer jy die stem van die Heilige Gees hoor, word jou hart met die waarheid gevul en sal jy dink, "Wag! God lewe, en waarom word ek ontmoedig?" Verder, indien jy hardop bid vir groter vreugde en dankbetuigings, om sodoende God se genade en krag te ontvang, sal jy met meer dank en vreugde gevul word.

Dan, wanneer jy die 60ste persentasiepunt van die derde geloofsvlak bereik, beteken dit dat jy die sondige natuur tot 'n groot mate uit jou hart verwerp het. Dus het jy nie baie probleme om die Woord van God te beoefen nie. Jy hoef nie te probeer om die sondes in jou hart te onderdruk, nadat jy jou sondige natuur uit jou hart verwerp het nie, dus sal die sondes nie voorkom nie. Selfs al sou jy skielik 'n moeilike situasie moet hanteer, sal jy in jou gedagtes vreugde en dank ervaar, eerder as om gedagtes van klagtes en ontmoediging te belewe. Selfs al sou jy vir 'n oomblik dink dat dit moeilik is, verdryf jy oombliklik daardie gedagte weg, en spoedig sal jou hart met dankbaarheid en vreugde gevul wees.

Matteus 7:24-25 sê, "Elkeen dan wat hierdie woorde van My hoor en daarvolgens handel, kan vergelyk word met 'n verstandige man wat sy huis op rots gebou het. Die stortreën het geval, vloedwaters het afgekom, winde het teen daardie huis gewaai en daaraan geruk, en tog het dit nie ingestort nie, want die fondament was op rots." Die laaste gedeelte van 1 Korintiërs 10:4 sê, "...Die rots was Christus." Indien jy die geloof het om volkome ooreenkomstig die Woord te handel, en nie negatief geraak word deur toetse en beproewinge nie, kan ons sê dat jy standvastig op die rots van Jesus Christus staan.

Indien jy verby die 60ste persentasiepunt van die derde geloofsvlak beweeg, kan ons met reg sê dat jy op die rots van die geloof is. By hierdie vlak voel jy nie meer dat dit moeilik of lastig is om die Woord te beoefen nie. Jy voel eerder vreugdevol en gelukkig om elke dag van jou lewe te geniet.

Derde Vlak van Geloof

Wanneer jy egter die 70ste of 80ste persentasiepunt bereik, sal jy standvastig op die geloofsrots staan, en by hierdie vlak sal jy die Woord beoefen asof dit tweede natuur en 'n gewoonte is. Soos wat jy nader aan die vierde geloofsvlak beweeg, en voortdurend die sondes van die vlees by die derde vlak verwerp, sal jy duideliker met God kan kommunikeer en Sy diepliggende liefde beter ervaar.

Hier, selfs al frustreer ander jou ook, tenminste sal jy hulle nie haat nie, al kan jy nie vir hulle lief wees nie. Veronderstel jy benodig dringend geld, en sien 'n beursie in die straat lê. Selfs dan, sal jy nie probleme ondervind om te probeer vasstel wie die regmatige eienaar van die beursie is nie. Jy sal dit net aan die eienaar terugbesorg. Verdermeer, indien jy nie enige vleeslike gedagtes koester nie, maar onmiddellik die weg van geregtigheid volg, en jy in enige situasie juig en volkome dankbaar is, beteken dit dat jy die vierde geloofsvlak bereik het.

Laat ek vir jou nog 'n voorbeeld gee. Kom ons sê een van jou kollegas by die werk tree onbeskof teenoor jou op, deur te probeer om werk wat hy veronderstel is om te doen, na jou te kanaliseer vir afhandeling. Gedurende so 'n situasie, indien jy by die tweede geloofsvlak is, sal jy beledig of kwaad gevoel het. Jy sou probeer het om selfbeheersing aan die dag te lê en jou kollega maar gehelp het, maar in jou hart sou jy ongelukkig gewees het. Wanneer jy dit nie verder sou kon verdra het nie, mag jy dalk openlik teenoor hom uiting aan jou gevoelens gegee het. By die derde vlak vernietig jy nie die vrede op daardie wyse nie. Jy sal dit op 'n verstandige manier probeer hanteer deur te dink, "Hy moet sekerlik 'n rede daarvoor hê," dan sal jy hom behulpsaam wees, soos wat hy gevra het.

Aan die begin stadium van die derde vlak, sal jy vir 'n oomblik negatiewe gedagtes openbaar, omdat die waarheid nog nie volkome in jou hart posgevat het nie. Selfs wanneer daardie negatiewe gedagtes in jou gemoed opkom, kan jy jou gedagtegang wysig, om positief ingestel te word en goedhartig op te tree.

Wanneer jy by die geloofsrots is, mag jy dalk vir 'n oomblik 'n negatiewe gedagte hê, maar jy kan dit oombliklik in 'n geestelike gedagte verander, dan kan jy die ander persoon met 'n rustige gemoed bedien. Indien jy die ander persoon behulpsaam kan wees, sonder enige negatiewe gedagtes, beteken dit dat jy 'n man van die gees is, wat by die vierde geloofsvlak is.

Kerkleiers behoort by die derde geloofsvlak te wees

Wanneer jy vir 'n lang periode 'n Christelike lewe lei en ervaring opdoen, sal jy met die verloop van tyd kerktitels soos ouderling, senior diakones, selgroepleier of klein-groepleier verwerf. Om na siele om te sien, moet jy tenminste by die derde geloofsvlak wees. Indien jy net by die tweede geloofsvlak is en nie standvastig in jou eie geloofslewe is nie, kan jy nie regtig ander siele begelei nie. Indien jy na so baie boodskappe geluister het, en jy is steeds nog net by die tweede geloofsvlak, beteken dit dat die betekenis van al die woorde by jou verbygegaan het, en voor God is dit 'n verleentheid.

Indien jy hard genoeg probeer, sal die tydsverloop van die tweede na die derde geloofsvlak nie lank wees nie. Natuurlik, indien jy nie aanhou om vir 'n lang periode te probeer nie, sal jy op die tweede vlak bly, of jy mag selfs na die eerste geloofsvlak terugval. Die swakste toekomsbeeld is, dat jy nie eers die saligheid sal verkry nie. Dit is waarom Die Openbaring 3:15-16 ons vertel dat indien ons geloof lou is, sal die Here ons uit Sy mond uitspoeg. Daarom, indien jy 'n kerktitel het, moet jy daadwerklik probeer om jouself tot tenminste, by die derde geloofsvlak te verander.

Indien jy by die derde geloofsvlak is, moet jy hulle wie by die eerste of tweede geloofsvlak is, begelei om ook uiteindelik by die derde geloofsvlak te kom. Indien jy werklik die geloof het om die Woord te beoefen, kan jy nooit Jesus se smeekwoorde aan die kruis, "Ek het dors", vergeet nie. Jy moenie dink dit is genoeg om self gelowig te wees nie, maar jy sal begeer om die evangelie met ander te deel, en ander siele te begelei, om daardeur die prys van Jesus se bloed te herwin. Jy moet ander met die hart van Jesus Christus begelei en na hulle omsien.

Sommige mense wie al baie lank Christene is, sê dat hulle nie kerkwerk kan verrig nie, omdat hulle 'n stryd voer teen hulle sondigheid en dat hulle betrokke is by die proses van hul eie verfyning. Soos wat God ons vertel dat ons vir Sy koninkryk en geregtigheid moet bid, wanneer ons bid, net so moet ons hard probeer om God se koninkryk ten uitvoer te bring, selfs in tye wanneer ons 'n stryd teen die sonde stry. Wanneer ons, ons plig nakom on omsien na hulle wie swak in die geloof is en vir hulle bid, kan ons God se hart beter verstaan, en kan ons vinniger die heiligheid bekom.

4. Om geestelik te word sonder om te stagneer

Om die eerste en tweede vlakke verby te gaan, tot by die derde geloofsvlak kan vinnig plaasvind. Dit is omdat ons aan die "Te doen's" en "Nie doen nie's" van God se Woord gehoorsaam kan wees, slegs as ons, ons gemoed in orde gekry het. Om van die derde na die vierde geloofsvlak te beweeg, neem beslis meer tyd in beslag. Die verstaan van God se wil en om sondes in die hart, te verwerp, sal meer gebede en tyd vereis. Afhangend van hoe hard ons probeer en vir God om Sy genade en krag vra, mag die proses vinniger voltooi word.

Sommige gelowiges bly by die derde geloofsvlak vir 'n langer tydperk. Dit is omdat hulle 'n stilstand met hulle geloofsgroei ondervind, weens die feit dat ophou om te probeer om hul sondes te verwerp. Byvoorbeeld, omdat God sê, "Moenie jou vyand haat, maar wees lief vir hulle," probeer hulle dit verstaan en om hulle wie moeilik is, te aanvaar, maar nogtans het hulle die sondige natuur in hulle harte, om te haat.

Hulle probeer altyd om bly te wees en dank te betoon, terwyl hulle voortdurend bid, maar die wortel om gedurig te kla en die wrok self, is nog nie uit hul harte verwyder nie. Hier, wetende dat hulle die sondige natuur in hulle harte teenwoordig het, verwerp hulle dit nie kragdadig nie, omdat hulle of te lui is, of weens hul besluitelose karakter.

'n Probleem wat ietwat meer ellendig is, is wanneer hulle onbewus is van die sondige natuur wat in hulle harte aanwesig is. Aangesien hulle nie bewus is van watter soort sondes en kwaad hulle het nie, bly hulle net by dieselfde vlak.

Wanneer jy die derde geloofsvlak bereik, moet jou geloof vinnig groei, om na die vierde vlak aan te beweeg. Indien dit nie gebeur nie en jou geloof se groeifase eindig, is daar 'n probleem. Jy mag die Heilige Gees se volheid verloor, en jy sal ietwat ongemaklik voel, of 'n mate van droefheid in jou hart beleef. Jy mag dink dat jy goed doen, maar jy word nie regtig deur almal aanvaar nie. Jy het nie die mag en krag oor jou woorde nie, dus mag jy soms ontmoedig word.

Sodra jy die vierde geloofsvlak bereik en 'n goeie lewe in die geloof lei, sal jou hart altyd die volheid en die besieling van die

Heilige Gees hê, en jy sal die stem en leiding van die Heilige Gees korrek hoor. Verde, sal jy die bewys hê, dat God in al die aspekte van jou lewe teenwoordig is. Indien jy nie so 'n bewys het nie, beteken dit dat jou hart nog sonde het, wat verwerp moet word. Dus, hoe kan ons vanaf die derde vlak na die vierde geloofsvlak beweeg, sonder enige stagnering?

Moenie ophou stry teen die sonde nie

1 Timoteus 4:5 sê, "...want dit word deur die woord van God en deur die gebed geheilig." Daar is nie 'n maklike manier om heilig te word nie. Jy moet na die Woord luister en die onwaarhede in jou besef, en tot God bid vir krag om die sondes wat jy in jou gevind het, te verwerp. Dit is nie om net na boodskappe te luister, seëninge te ontvang, en voortdurend te bid en uit gewoonte op 'n rustige manier voort te gaan nie. Indien jy by die derde geloofsvlak is, sal julle almal dit geniet om na God se Woord te luister, en nie uit gewoonte bid nie. Jy sal probeer om alle vorme van sonde wat jy in jou vind, te verwerp.

Sommige mense egter se vorige pogings om sondes te verwerp, veroorsaak dat hul verdere toekomstige pogings, met die verloop van tyd verflou. Hulle probeer 'n rusperiode neem in hulle stryd teen sondes, en verklaar dan 'n wapenstilstand daarteen. Hulle moet voortgaan met die stryd, totdat al die onsmaaklike kwaad met wortel en tak volkome uitgeroei is, maar hulle doen dit nie.

Gedurende werklike veldslae, wanneer jy begin wen, moet jy met geweld vorentoe beweeg, totdat jy die vyandige magte volkome verwoes het. Indien jy stop, gee jy vir jou vyand tyd om te herstel en 'n teenaanval te loods. Tydens die geestelike stryd, om die derde geloofsvlak vinnig verby te steek, moet jy waaksaam wees teenoor geestelike luiheid, om te dink dat jy genoegsame vordering gemaak het. Jy moenie ophou met die stryd teen die sondes, tot die oomblik dat jy al die oorspronklike kwaad van die sondige natuur, deur die Woord en gebede verwyder het nie.

Laat ek vir jou 'n voorbeeld gee. Veronderstel jy oordeel iemand deur net na sy optredes te kyk. Dan besef jy dat jy 'n oordeel gefel het en bely dit, deur vir God om vergifnis daarvoor te vra. Dus, selfs al het jy dit bely, kan jy weer by 'n volgende soortgelyke geleentheid 'n oordeel fel, omdat nog nie die sondige natuur self uitgeroei het nie. Indien jy oordeel, dan bely jy weer.

Indien jy nie die sondige natuur self verwyder nie, sal jou geloof nie toeneem nie. Vie jou geloof om aan te hou groei, moet jy aanhou om die stryd te voer, tot by die punt van bloedstorting, totdat alle sondes verwerp is. Om dit te doen, moet jy nie toevallig vergeet van jou sondige natuur wat jy by jou ontdek het nie, maar jy moet daaroor treur en vir God om sy genade daarvoor vra.

Jy moet besef hoe vuil die sondes en kwaad binne jou is, wat jou hart verskeur. Jy moet hardop bid sodat jy die krag kan ontvang, om die selfs die grootste kwaad van die sondes te kan verwerp. Jy moet God met vastings, offergebedes en offerhandes verheerlik, tesame met jou beste pogings om die sondes te verwerp.

Soos wat jy die genade en krag van God ontvang, saam met die hulp van die Heilige Gees met hierdie pogings, sal die sondige natuur uiteindelik uit jou hart vewyder word. Jy kan dit nie verwerp deur net al die tyd te bely nie. Jy moet regtig die ernstige begeerte hê om die sondes wat jy so baie haat, te verwerp. Ter aanvulling moet jy ware pogings aanwend, sodat jy jou finaal van die oorspronklike kwaad van die sondige natuur, kan bevry.

Jy moet vleeslike gedagtes verbreek

Vleeslike gedagtes is die teenoorgestelde van geestelike gedagtes. Dit is wannneer die onwaarheid in jou deur die handelinge van die siel na vore kom. Romeine 8:6-7 sê, "Die dinge waarmee die sondige natuur van die mens hom besig hou, loop uit op die dood, maar die dinge waarmee die Gees Hom besig hou, bring lewe en vrede. Die dinge waarmee die sondige natuur van die mens hom besig hou, is immers vyandskap teen God. Die sondige natuur onderwerp hom nie aan die wet van God nie, dit kan trouens ook nie."

Derde Vlak van Geloof

Indien jy slegs die waarheid in jou hart ronddra, sal jy slegs waarheid en geestelike gedagtes hê. Jy sal nie dade van die vlees pleeg nie, en ook geen vleeslike gedagtes hê nie. Maar indien jy onwaarhede in jou het, as gevolg van jou siel se handelinge, sal jy onware gedagtes hê. Byvoorbeeld, selfs al het jy 'n goeie rekenkundige program in jou rekenaar, kan jy net verkeerde resultate kry, indien jy foutiewe inligting invoer. Net so, hulle wie vleeslike gedagtes het, kan nie aan God se Woord gehoorsaam wees nie.

Byvoorbeeld, God sê dat die een wie dien is groot, en dat hy wie gee, meer seën sal ontvang as hy wie ontvang. Indien jy hoogmoedigheid en gulsigheid in jou hart het wanneer jy na hierdie woorde luister, dan veroorsaak die onwaarhede genaamd, hoogmoed en gulsigheid, jou om vleeslike gedagtes te hê. Dit is as gevolg van gedagtes soos, "Indien ek aanhou om te gee sonder om iets te ontvang, sal ek 'n verlies lei" dat jy nie kan dien of gee nie. Jy kan nie God se wil verstaan nie en ook nie Sy Woord gehoorsaam nie, daarom sê God dat vleeslike gedagtes is teenoor Hom vyandig.

Indien jy al so baie van die Woord gehoor het, en jou kennis het al baie vermeerder, maar jy dit nie in jou hart ontwikkel het nie en jy die Woord van waarheid ietwat met jou eie sondighede vermeng, dan het jy nuwe soorte vleeslike gedagtes. Jy moet van die Woord wat jy hoor, gebruik maak om jou sondes en euwels te besef. Maar jy sal eerder ander daarmee oordeel en veroordeel, of die waarheid verkeerd vertolk, om verskonings vir jou foute te vind. Die verteenwoordige vorme van daardie soorte vleeslike gedagtes is eiegeregtigheid en ekkerige raamwerke.

Eiegeregtigheid en ekkerige raamwerke

"Eiegeregtigheid" is om daarop aan te dring en hardkoppig te wees, oor wat jy dink korrek is. Met eiegeregtigheid is daar eerstens wêreldse geregtigheid. Mense van die wêreld dink dat iets is regverdig, maar eintlik is dit teenstrydig met die Woord van God. Byvoorbeeld, mense dink dit is kinders se plig om teenoor hulle ouers wraak te neem. Dit is totaal die teenoorgestelde van God se Woord wat ons leer om ons vyande lief te hê. Vervolgens is daar geregtigheid gebaseer op die waarheid. Tussen diegene wie 'n ywerige Christelike lewe lei, raak hierdie geregtigheid 'n hindernis vir hulle om geestelik te word.

'n Persoon met 'n sterk eiegeregtige houding sal die lewe moeilik maak vir ander persone, indien hy eis dat hulle sy manier van geregtigheid moet volg. Byvoorbeeld, wanneer hy sien dat ander persone nie regtig gelowig optree met hulle pligte nie, sal hy dadelik vir hulle die volgende raad gee, "Jy is 'n werker van God, en jy mag nie so lui wees nie." Of, wanneer daar baie mense teenwoordig is mag hy dalk sê, "Ek het iemand in my onmiddellike nabyheid opgemerk, wat darem regtig baie lui is. Ons moet nooit so wees nie." Hier vertel hy dit op so 'n wyse dat die ander mense maklik sal kan aflei, wie die persoon is waarna hy verwys.

Natuurlik moet ons toegewyd en gelowig in God se werk wees, en as die persoon kan bely en verander oor wat gesê is, dan is dit ook goed. Maar, indien daardie persoon die boodskap nie op 'n hoflike wyse ontvang nie, sal dit net 'n negatiewe uitwerking op hom hê. "Daardie persoon gee vir my 'n harde tyd." Hy sal dit so ervaar en nog meer ly, waarna hy sy hartlikheid sal verloor.

Indien ons wysheid van bo bekom, saam met 'n hart wat streef na heiligmaking, kan ons 'n goeie manier vind om iemand te laat verander, wanneer ons hom van advies wil voorsien. Maar 'n persoon met 'n eiegeregtigheids-ingesteldheid dink alles wat hy weet, is korrek. Dus, alhoewel sy optrede in God se oë foutief was, omdat hy die ander persoon te nagekom het, dink hy steeds dat hy reg was en die ander persoon sleg is. Naamlik, hy dink net aan die feit dat wat hy gesê het korrek is, maar hy besef nie dat die manier waarop hy die boodskap oorgedra het, verkeerd was nie.

Dus, selfs wanneer hy God se woorde hoor wat vir ons sê, "Strewe na vrede. Dien ander. Moenie oordeel nie," dink hy net aan sy optrede en sê vir homself, "Ek het God lief en ek is gelowig. Ek het my naaste lief, en ek gee die korrekte advies." Hierdie denkwyse is eiegeregtigheid, en as gevolg daarvan kan jy nie die kwaad in jouself vind nie, en daarom kan jy nie vinnig tot die vlak van heiligmaking vorder nie.

Vervolgens, die ekkerige raamwerk word gevorm wanneer jy 'n gedagte het dat iets korrek is, en daardie gedagte word gehard. Mense skep gedagteraamwerke gebaseer op wat hulle sien, hoor en leer. Na aanleiding van hulle kennis of ervaring, dink hulle iets is moreel korrek, of 'n sekere wyse van optrede is welgemanierd. Met die verloop van tyd verhard sulke gedagtes en wanneer hulle eers verdig het, kan dit nie maklik verander word nie. Dit is dan 'n raamwerk van gedagtes.

Elkeen het 'n verskillende soort raamwerk van denke. Dit is omdat mense verskillende persoonlikhede, voorkeure, omstandighede, kennis en opleiding het. Dus, indien ons sulke raamwerke, gebaseer op die volkome waarheid van God, bestudeer, sal ons vind dat baie daarvan nie korrek is nie. Nogtans, die meeste mense onderskei tussen wat reg en wat verkeerd is, gebaseer op sulke denkraamwerke.

Selfs in die geval van die ekkerige raamwerke is daar 'n raamwerk in die wêreld, binne die waarheid. 'n Raamwerk van die wêreld is een wat ontstaan, uit die kennis en opleiding van die wêreld. Byvoorbeeld, mense glo sterk in Darwinistiese ewolusie, dus kan hulle nie glo in die feit dat God die wêreld geskep het nie. Omdat hulle raamwerk dink dat die wetenskaplike kennis is die betroubaarste, kan hulle nie God se

Woord aanvaar nie.

Vervolgens, 'n raamwerk binne die waarheid is een wat gebaseer is op die Woord van God, naamlik die waarheid. Dit kan ook 'n hindernis word, indien dit van toepassing is met 'n ekkerige siening. In die tyd van Jesus het die godsdienstigeleiers Jesus verwerp, as gevolg van hierdie raamwerk van waarheid. Hulle het Jesus gekritiseer, omdat Hy 'n siek persoon op die Sabbatdag gesond gemaak het. As gevolg van 'n ekkerige raamwerk omtrent die Sabbatdag, het hulle Jesus veroordeel en gekritiseer, terwyl Hyself eintlik die waarheid is. Dit is 'n verkeerde, ekkerige raamwerk van die waarheid.

Laat ek vir jou nog 'n voorbeeld gee. Wanneer jy jou beste probeer om 'n Christelike lewe te lei, nadat jy begin het om eredienste by te woon, mag jou ouers of eggenoot voel dat jy net vir God liefhet, en dat jy besig is om van die familielede afvallig te word. Gedurende hierdie tyd terwyl jy gelowig is in God se koninkryk, moet jy ook aan jou familielede se gevoelens dink. Jy moet hulle behulpsaam wees en liefhê, sodat jy hulle harte kan verander.

Indien jy ekkerige gedagtes vorm, mag jy dalk God se Woord op 'n manier aanwend, wat verkeerd is. Jy mag 'n sterk raamwerk vorm deur te dink, "Ons moet vleeslike afwykings verwerp, en geestelike liefde kweek," of "Ons kan die antwoord vinniger bekom, indien ons God gelukkig maak." Om so op te tree mag jy dalk op 'n onbuigsame wyse vir jou familielede sê, "Dit is belangriker om God volkome lief te hê, so moet asseblief nie enige vleeslike liefde van my verwag nie."

Met jou ouers se verjaarsdae gee jy nie vir hulle geskenke wat hulle blymaak nie. Jy gee vir hulle net 'n Bybel of ander Christelike leesstof. Jy glo dat jy geestelike liefde aan jou ouers verskaf. Inderwaarheid, maak jy jou ouers se gevoelens seer en vernietig die vrede, sonder dat jy dit regtig besef. Nogtans dink jy dat jy jou ouers op 'n geestelike wyse behulpsaam was. Jy kan nie wegbreek van jou eie verstandelike raamwerk wat jy ontwikkel het nie, deur te dink, "Hierdie manier van dinge doen, is die waarheid."

Selfs al is jy meer korrek as ander mense, moet jy nogtans hulle geloof en voorwaardes oorweeg. Indien jy soos apostel Paulus, wie die evangelie aan die Jode kon verkondig asof hy 'n Jood homself was, en aan die nie-Jode asof hyself 'n nie-Jood was, dan sal jy groot wysheid bekom.

Diegene met 'n sterk ekkerige verstandelike raamwerk, dring daarop aan dat dit wat hulle sê korrek is, daardeur vernietig hulle die vrede. Deur dit te doen, mag ander mense dalk sê dat hulle ekkerig of kleingeestig is, maar hulleself dink, "Ek vernietig nie die vrede nie. Ek volg net die waarheid." Omdat hulle in hierdie soort vleeslike gedagtegang vasgevang is, is hulle nie in staat om die kwaad binne hulleself te besef nie. Dus kom hulle geloofsgroei tot stilstand.

Eiegeregtigde en ekkerige menings blyk baie dieselfde te wees, maar dit baie duidelik onderskeibaar van mekaar. Sommige mense het baie sterk raamwerke maar tree net daarvolgens op, en maak nie die lewe vir ander mense ondraaglik nie. Hulle sterk raamwerke word nie maklik verbreek nie, maar hulle dring ook nie op hulle eiegeregtigheid aan nie.

In 'n ander geval is daar mense met sterk raamwerke, wie probeer om daarbinne te funksioneer, en terselfdertyd ander mense probeer forseer om dieselfde te doen. Indien hulle nie wil nie, misgun hulle daardie mense en maak die lewe vir hulle baie moeilik. Dit is die geval waar beide sterk eiegeregtige en ekkerige raamwerke aanwesig is. In elk geval, beide eiegeregtige en ekkerige raamwerke word deur hulle eie onwaarheid aangelê. Jy kan slegs tot die vierde geloofsvlak toetree, wanneer jy die vleeslike gedagtes, wat uit die selfgeregtigde en ekkerige raamwerke voortspruit, vernietig.

Waarvoor jy versigtig moet wees is jou eiegeregtigheid, wat bedek is met die waarheid en ekkerige raamwerke wat jy voortbring, deur die aanwending van die waarheid op 'n misleidende manier. Jou eiegeregtige en ekkerige raamwerke wat as gevolg van duidelike onwaarhede ontstaan, kan maklik deur die Woord van God ontdek word, sodat jy dit vinnig sal kan verwerp. Dit wat egter vals is en met 'n mare van waarheid bedek word, is moeiliker om te besef. Indien jy so 'n raamwerk het, dan dink jy dat jy volgens die waarheid optree, terwyl dit nie die geval is nie. Dus, kom jou geloofsgroei tot stilstand, en jy kan vir 'n lang periode nie geestelik word nie.

Om eiegeregtigheid en raamwerke te besef

Sommige mense sê met berou, "Ek wil graag 'myself' vind en die verkeerde verwerp, maar ek kan regtig nie my eiegeregtige en ekkerige raamwerke besef nie." Hulle woon alle eredienste by, en sien uit na die boodskappe en bid voortdurend, maar hulle kan nie besef wat met hulle verkeerd is nie.

Sulke mense moet vasstel hoe desperaat hulle is om dit in te neem, wanneer hulle na die boodskap luister; en of hulle die boodskap as hul eie aanvaar. Hulle moet ook vasstel hoe vuriglik hulle bid. Wanneer jy herhalend betekenloos bid, is dit voor God onaanvaarbaar. Selfs al is dit 'n pragtige welsprekende gebed met engelagtige woorde, beteken dit nie dat dit uit die diepte van jou hart kom nie. Eers wanneer jou gebed met volle oorgawe, aan God met 'n sterk geur aangebied word, deur 'n stryd te voer en hardop te bid, kan jy die volheid en besieling van die Heilige Gees ontvang, en daardeur verander.

Een ding waaroor jy ook moet dink is, met watter ingesteldheid luister jy na mense wie vir jou advies gee. Dit is omdat diegene met sterk eiegeregtige en persoonlike raamwerke geneig is, om hulle ore te sluit vir ander mense se advies. Hulle harte is verhard en hulle dink dat net hulle korrek is, al hoor hulle ander se advies, dink hulle steeds, "Ek het goeie rede om dit te doen, maar daardie persoon verstaan nie my omstandighede nie."

Indien ander vir hulle advies gee, dink hulle, "Hy is nie beter as ek nie," en vergeet net daarvan. Of wanneer 'n toesighouer of 'n senior persoon vir hulle advies gee, dink hulle, "Hy is ook nie 100% perfek nie, dus is hy ook nie altyd korrek nie. Ek hoef nie regtig na hom te luister nie." Dus met so 'n ingesteldheid, kan jy nie ander persone se woorde in ag neem nie, en selfs wanneer God vir jou die Heilige Gees se stem laat hoor, kan jy nie die stem hoor nie.

Wanneer jy nader aan die geloofsrots by die vierde geloofsvlak beweeg, beteken dit dat jy alreeds die sondes en kwaad wat maklik opspoorbaar is, verwerp het. Op hierdie stadium, vir jou om jou eiegeregtige en ekkerige raamwerke te besef en te verwerp, moet jy na jouself terugkyk met 'n hart wat nederiger en ernstig is. Jy moet begeer om jou tekortkominge te vind. Jy moet selfs die woorde van klein kinders met nederigheid aanhoor. Indien jy jou eiegeregtige en ekkerige raamwerke vernietig, en die sondige natuur in jou hart verwerp, sal jy uiteindelik in die vierde geloofsvlak inbeweeg. Hiervandaan sal jy as 'n man van die gees gereken word.

5. Tweede koninkryk van die hemel aan hulle op die derde geloofsvlak gegee

Die hemelse woonplek vir diegene op die derde geloofsvlak, is die tweede koninkryk van die hemel. In die eerste koninkryk van die hemel is daar persoonlike huise, maar hulle is in die vorm van vertrekke in komplekse. In die tweede koninkryk van die hemel word daar onafhanklike afsonderlike huise aan elkeen gegee. Dit is eenverdieping geboue, maar dit is nog steeds baie meer uitstekend en pragtigter as die meeste luukse en pragtige herehuis of villa op hierdie aarde, en dit word met die geurigste blomme en bome versier.

Vir elke huis sal 'n fasaliteit van die eienaar se keuse, voorsien word. Die eienaar kan 'n pragtige meer of 'n swembad hê, wat met suiwer goud en edelstene versier is. Of hy kan 'n wandelpad vol pragtige blomme en plante hê, waar daar lieflike diere rondloop.

Maar omdat mense slegs een fasaliteit van hul eie keuse kan hê, kan hulle van die ander mense se fasaliteite gebruik maak, soos benodig. Selfs wanneer hulle die ander mense se huise besoek en hulle fasaliteite gebruik, voel hulle nie ongemaklik daaroor nie. Deur dit, kan hulle mekaar dien en liefhê, dus sal hulle gelukkig wees deur ander toe te laat om hul eie fasaliteit te gebruik, en hulle wie daarvan gebruik maak, kan hulself vrylik en gemaklik geniet.

Verder, die huise in die tweede koninkryk van die hemel het naamplate op. Op die naamplate is nie alleen die eienaar se naam op aangebring nie, maar ook die naam van die kerk wat deur die eienaar op die aarde bygewoon was. Dus, indien die eienaar 'n kerk bygewoon het wat God liefgehad het, sal sy eer en saligheid groter wees.

Die kroon gegee vir hulle in die tweede koninkryk van die hemel, is die kroon van die saligheid. 1 Petrus 5:2-4 sê, "Pas die kudde van God wat aan julle toevertrou is, goed op. Hou toesig oor hulle, nie uit dwang nie, maar gewillig soos God dit verwag; nie om eie gewin nie, maar uit toegewydheid; ook nie deur baas te speel oor dié wat God aan julle sorg toevertrou het nie, maar deur 'n voorbeeld vir die kudde te wees. En dan, wanneer die Opperherder kom, sal julle die heerlikheid as onverganklike kroon ontvang."

Hulle by die derde geloofsvlak het nog nie die heiliging ten volle tot uitvoer gebring nie, maar hulle onderhou nog God se Woord, verrig hulle pligte en verheerlik vir God. Die kroon van die saligheid word aan hierdie soort mense gegee. Daardie siele wie toegelaat word om die tweede koninkryk van die hemel binne te gaan, sal so dankbaar wees oor die pragtige plek waar hulle woon, asook oor al die groot belonings wat hulle ontvang, in vergelyking met wat hulle daarvoor gedoen het. Nogtans sal hulle oor een ding jammer voel. Alhoewel hulle volgens die Woord gelewe het, en hulle pligte nagekom het, sal hulle wens dat hulle hul sondes in hulle harte verwerp het, en volkome heilig geword het.

Die saligheid van die tweede koninkryk van die hemel kan nie met die derde koninkryk van die hemel of Nuwe Jerusalem, wat die woonplek is van die wie heiligheid behaal het, vergelyk word nie. Natuurlik, in die hemel is daar geen jaloesie of afguns nie, daarom sal hulle nie kwaad of hartseer wees, omdat hulle nie groter saligheid in die hemel kan geniet nie. Selfs indien ander mense groter saligheid as hulleself geniet, sal hulle in die ander se vreugde deel, asof dit hulself toegeval het. Hulle sal dankbaar en gelukkig wees met hul woonplek, asook al die belonings wat aan hulle togeken is. Hulle sal jammer voel dat hulle nie al hul sondes volkome verwerp het nie, alhoewel God vir hulle so baie liefde en geleenthede op die aarde gegee het.

Daarom, indien jy ware geloof het, mag jy nie by die tweede koninkryksvlak van die hemel ophou nie. Jy moet voortdurend daarna strewe, sonder om te faal, om Nuwe Jerusalem binne te gaan. God wil almal red, en in Sy ware kinders verander, om Nuwe Jerusalem binne te gaan. Soos wat Efesiërs 5:16 sê, "Maak die beste gebruik van elke geleentheid, want ons lewe in 'n goddelose tyd." Ek vertrou dat jy die beste met al jou geleenthede sal doen, geloofsgroei sal behaal, en met vurige ywer die hemelse koninkryk, met geweld sal bekom.

Hoofstuk 7

Vierde Vlak van Geloof

*"Wie my opdragte het en dit uitvoer – dit is hy wat My liefhet.
En wie My liefhet, hóm sal my Vader liefhê, en Ek sal hom ook
liefhê en My aan hom openbaar"*
(Johannes 14:21).

Landbouers saai die saad en oes die gesaaides, omdat hulle verwag om 'n goeie oes in te samel. God bearbei ook die mensdom met dieselfde soort verwagting, en Hy sal die koring insamel. Volgens God se siening is die koring die ware kinders van God, wie God met hulle hele hart liefhet.

Hy het die saad, genaamd mense, gesaai, en hulle ontwikkel om mense van die gees, met opregte harte en volmaakte geloof, op te lewer. Indien ons die vierde geloofsvlak besit, sal God ons as mense van die gees erken. Hiervandaan kan ons sê dat ons God se ware kinders is.

1. Heiliging moet bereik word om 'n man van gees te word

Gees is iets wat nie vergaan of verander nie, maar is ewigdurend en waar. Dit is ook 'n karaktertrek van God die Skepper. Vlees is iets wat die teenoorgestelde van gees is. Dit is iets wat verander en vergaan, en is vuil en betekenloos. Adam se afstammelinge, wie na sy val gebore is, was as mense van vlees gebore. Daarom, een van die belangrikste take vir hulle wie na vlees verander het, is om van mense van die vlees na mense van die gees te verander.

Hoe kan ons weer na mense van die gees verander? Ons moet heilig word. Wanneer ons die sondes en kwaad uit ons harte verwerp, naamlik om die vleeslike natuur, wat ons laat vergaan en verander, uit ons harte verwerp, kan ons die verlore beeld van God, wie gees is, verower. Nadat ons in gees verander het, sal ons nie alleen die geestelike karaktertrekke wat Adam gehad het, terugkry nie, maar ook God se kinders word, wie mooier as Adam is.

Adam was as 'n 'lewende gees' geskep. Dit beteken ook dat sy gees kon sterf. Adam het geen ondervinding gehad van hoe swak die vlees is nie. Hy het nie dood, trane, hartseer of pyn ervaar nie. Dus, selfs al het God hom geleer dat gees goed is, en vlees swak, kon hy dit nie ter harte neem nie.

Maar hulle wie op hierdie aarde opgegroei het, en dan van vlees na gees verander, ervaar in hulle liggame wat vlees werklik is. Hulle weet wel baie goed hoe wonderlik die gees is, naamlik om geen dood, hartseer of pyn te ervaar nie. Dus, ongeag wat die versoeking mag wees, hulle aanvaar nie weer sondes en kwaad nie. Deur die menslike ontwikkeling, kan ons besef hoe betekenloos alles op hierdie aarde is. En wanneer ons die eerste, tweede en derde geloofsvlak verbysteek, bereik ons die vierde geloofsvlak uiteindelik. Dan het ons die status van die mens van gees teruggekry. By hierdie punt laat God Sy kinders, hul regte ten volle geniet.

2. Die vierde vlak van geloof: om God tot die uiterste lief te hê

Die vierde geloofsvlak is die geloof om God tot die uiterste lief te hê. Natuurlik, mense kan sê dat hulle God by die derde geloofsvlak liefhet, omdat hulle in staat is om Sy opdragte uit te voer.

"As julle my liefhet, sal julle my opdragte uitvoer" (Johannes 14:15).

Maar by die derde geloofsvlak kan hulle nog nie die sondige natuur in hulle harte, verwerp nie, daarom kan hulle nie met vertroue getuig, dat hulle God liefhet nie. Hulle wie by die vierde geloofsvlak is het reeds alle sondige natuur verwerp; hulle voer die opdragte volkome uit, omdat hulle God tot die uiterste liefhet. Daarom, kan hulle met sekerheid oor hul liefde getuig.

Die bewys van God se liefde vir hulle, sal sulke mense gedurig volg. Hulle sal goeie gesondheid en voorspoed op hierdie aarde geniet, en in die hemel sal hul groot saligheid en magte, as God se ware kinders geniet.

Na die verbysteek van die derde vlak waar jy die Woord kan beoefen, gaan jy die vierde vlak binne, waar jy in die volkome waarheid bly, nadat jy die sondige natuur uit jou hart verwyder het. Nou, hoe verskil die vierde geloofsvlak van die eerste, tweede en derde geloofsvlakke? Om hierdie verskille te verduidelik, laat ons die voorbeeld in 1 Tessalonisense 5:16-18 neem, wat sê, "Wees altyd bly. Bid gedurig. Wees in alle omstandighede dankbaar, want dit is wat God in Christus Jesus van julle verwag."

Laat ons sê dat 'n persoon het vals gerigte oor jou versprei, en is besig om jou te beskinder. Hoe sal jy dan reageer? Indien jy by die eerste geloofsvlak is, kan jy onmiddellik na hom gaan om te argumenteer oor wat verkeerd en wat reg is. Indien jy met hom argumenteer, mag jy dalk jou stem verhef en met hom verskriklik rusie maak. Maar as jy net by die middelstadium van die tweede vlak is, kan jy jouself beheer om nie so kwaad te word nie, of sal nie kwaad wees nie, omdat jy reeds so hard probeer het om die kwaad te verwerp.

Maar hoe sal 'n persoon by die derde geloofsvlak reageer? Indien jy nog nie by die geloofsrots is nie, mag jou woede dalk 'n opskudding veroorsaak. Omdat jy die waarheid ken, sal jy probeer om jou ongelukkigheid te verwerk deur vir jouself te sê, "Ek moet dankbaar en bly wees." Maar jy kan nie regtig uit die diepte van jou hart dankbaar wees nie.

By die vierde vlak is dit verskillend. Dit maak nie saak wie wat sê nie, of watter soort foutiewe aantuigings jy in die gesig staar nie, maar jy het geen verontrusting van jou gevoelens nie. Omdat jy geen sonde teenoor God pleeg nie, en jou gewete jou nie veroordeel nie, sal jou dankbaarheid en vreugde nie as gevolg daarvan verdwyn nie. Eerder, soos wat Jesus gedoen het, kan jy selfs jou vyande seën en aan die ander persoon genade betoon, deur vir hom te bid sodat hy nie sondig nie. Eweneens, selfs onder dieselfde omstandighede, sal die reaksie verskil ooreenkomstig die maat van geloof, en die geur van jou hart wat God bereik.

Laat ek vir jou nog 'n voorbeeld gee. Laat ons sê dat een van jou ouers 'n ernstige noodgeval het, en 'n operasie moet ondergaan. Jy benodig dringend geld daarvoor, en jy tel 'n sak vol geld in die straat op. By die eerste of tweede geloofsvlak sou jy dalk net die geld geneem het.

By die tweede vlak sal die hart van gees wat die goeie najaag, en die begeerte van die vlees mekaar die stryd aansê. Dan, indien die begeerte van die vlees wen met die gedagte dat jy beslis die geld benodig, mag jy dit vir jouself gebruik, alhoewel jy nog gewetenswroegings mag hê.

By die derde vlak mag jy dalk vir 'n onbewaakte oomblik dink, "Ek kan my probleem met die geld oplos," maar uiteindelik volg jy jou goeie gewete, en besorg die geld terug aan die eienaar daarvan.

By die vierde vlak is dit heeltemal verskillend. Ongeag hoe dringend jy die geld benodig, het jy geen begeerte om iemand anders se geld te neem nie, dus het jy geen stryd in jou gedagtes nie. Jy is eerder bekommerd oor die eienaar daarvan, oor sy bekommernis rakende die geldelike verlies, en jy probeer dit so gou moontlik aan hom terugbesorg.

Wanneer jy hierdie soort hartlikheid openbaar, het jy nie nodig om voor God en die mens skaam te wees nie, en jy sal baie selfvertroue hê. Indien jy enige kwaad in jou hart het, voel jy hartseer en onrustig ooreenkomstig jou situasies. Maar indien jy nie enige kwaad in jou hart het nie, sal jy altyd vol van die Heilige Gees wees, en 'n gelukkige en gemaklike geestelike toestand, ongeag jou situasies hê.

3. Belangrike beginsels vir geloofsgroei

Sommige mense se geloofsgroei is baie stadig, alhoewel hulle al vir 'n lang periode Christene is. Hulle beweeg nie verby die tweede vlak, of selfs die beginstadium van die derde vlak, na die verloop van baie jare of selfs dekades nie. Sommige mense sal na die ontvangs van die eerste genade, staak om hul sondes te verwerp, en eintlik daardeur vinnig die verowering van hul geestelike hart, verhoed.

Een van die belangrikste redes vir hierdie soort verskille is omdat mense met verskillende harte gebore word, verskillende innerlike harte en verskillende bloedvate. Mense het verskillende mates van onwaarhede in hulle harte. Die groottes van hul bloedvate is almal verskillend en die opregtheid en mooi van hulle innerlike harte is ook verskillend. Afhangend van sulke verskille is hulle houding teenoor die Woord van God ook verskillend, tot watter mate hulle na die Woord hunker, hoe hulle dit opneem en bewaar en hoe goed hulle dit beoefen.

Hart

Oorspronklik was Adam se hart die lewenssaad wat deur God gegee was, en die kennis van waarheid het dit bedek. Maar nadat daar sonde gepleeg is, het die waarheid begin om uit die hart te lek, en in die plek daarvan het die kennis van onwaarheid, naamlik sonde en kwaad, begin om dit te vervang.

Die sonde en die kwaad wat in die hart opgeneem is, was oorgdra na die afstammelinge, en alle suksesvolle generasies het nuwe soorte sonde en kwaad in hulle harte aanvaar, soos wat die lewe aangegaan het. Daarom, die hart van die mens bevat die kwaadwillige natuur wat hulle van hul voorouers oorgeërf het, plus al die kwaad wat hulle ingeneem het, soos wat hulle groot geword het en hulle lewens gelei het. Hulle wie min kwaad in hulle harte het, kan baie vinniger die saligheid ten uitvoer bring, omdat hulle minder dinge het om te verwerp.

Innerlike Hart

Volgens 'n persoon se innerlike hart soek elkeen na 'n verskillende mate van goedheid in die lewe. Neem magnete as 'n voorbeeld, sommiges het 'n sterker magnetiesekrag om metaalvoorwerpe aan te trek, terwyl ander magnete weer minder magnetiesekrag het. Eweneens, hulle met opregte en goeie innerlike harte begeer op 'n natuurlike wyse na goeie en perfekte dinge, dus wanneer hulle na die waarheid luister, kan hulle dit maklik aanvaar met 'Amen' en dit met hulle hele hart gehoorsaam. Op hierdie wyse kan hulle heiliging, vinnig ten uitvoer bring.

Veronderstel die grond in 'n gebied is goed en vrugbaar. Dan sal die saad in die grond maklik ontkiem en groei. Die saad kan goeie en volop vrugte dra. Nietemin, saad ontkiem nie goed in barre en onvrugbare landerye nie, en selfs al sou daar vrugte geproduseer word, sal dit van 'n baie swak gehalte wees. Natuurlik, indien goeie landbougrond kliphard en vol onkruid word, omdat dit nie geploeg word nie, dan is dit moeilik om goeie vrugte op daardie landerye te oes. Maar, indien die landbouer besluit om dit te ploeg, is dit baie makliker vir hom om die onkruid en dorings uit te trek, as wat dit sou wees om dit in barre en onbewerkte landerye te doen.

Dit is dieselfde met geloof. Sommiges word gebore met goeie grond, maar groei op met kwaad en onder moeilike omstandighede, dus het hulle in hul harte 'n klomp onwaarhede. In so 'n geval, is hulle soos 'n veld vol onkruid. Dus benodig hulle 'n suiweringsproses, wat beproewinge is, om hulle sondes te verwerp. Maar omdat hulle goedhartig is, indien hulle net die deursettingsvermoë het, kan hulle relatief maklik hulle sondes verwerp. Al kom hulle rof of en sondig vir ander mense voor, weet God hoe hulle later kan verander, dus gebruik Hy hulle op 'n kosbare wyse as skoon houerskepe, nadat Hy hulle aan beproewinge blootgestel het.

Die Houerskip

Hier is 'n houerskip die houer van jou hart en jou oorspronklike self. Die materiaal het 'n verwantskap met die innerlike hart. Naamlik die houer kan van goud, silwer of klei gemaak wees. Die grootte van die houer word bepaal deur die hoeveelheid waarhede wat in die houer bewaar moet word. In die meeste gevalle, het hulle met goeie innerlike harte ook gewoonlik groot en pragtige houers, en hulle met groot en goeie houers het opregte en goeie innerlike harte.

Indien jy 'n groot houer het, gebruik jy jou hart wyd. Wanneer jy na een soort waarheid luister, hoef jy dit nie net vir een aspek aan te wend nie, maar ook vir baie ander aspekte, en beoefen dit. Soos wat die gesegde "'n Woord aan die wyse is voldoende" gaan, wanneer die geestelikewyse na die Woord van God luister, hoor en verstaan hulle nie net die letterlike betekenis daarvan nie, maar hulle verstaan God se hart soos in die Woord vervat, en probeer om dit te gehoorsaam.

Wanneer hulle met 'n groot en goeie houer na die Woord van God luister, sal hulle in hulle harte die mening daarvan aanvaar. Hierdie mense kan die Woord in hulle harte ontwikkel, en hulle geloof sal vinnig groei. Maar indien ons net aanvaar wat ons ooreenkomstig ons geestelike raamwerke en eiegeregtigheid verstaan, sal ons geestelike groei baie stadig plaasvind. Indien ons baie van die Woord leer en dit goed doen, mag ons harte opgehef word as gevolg van ons kennis, en in so 'n geval mag dit dien om ons eiegeregtigheid en raamwerke te verhard.

Laat ek vir jou 'n voorbeeld gee. Daar is woorde van God soos, "Oorweeg ander beter as vir jouself. Verneder jouself en dien ander." Indien jy hierdie woorde met jou brein alleen ontvang, mag jy dalk aan baie dinge dink. Jy sal dalk elke keer ophou om iets te wil doen deur te dink, "Dit kan dalk gesê word dat ek ander dien, sou ek dalk net dit doen, maar ek hoef nie meer as dit te doen nie!"

Selfs al sou jy ander op hierdie wyse dien, mag hulle dalk belas en ongemaklik daaroor voel. Omdat jy nie werklik met 'n ware nederige hart dien nie, kan die een wie gedien word nie jou ware hart beleef en voel nie, dus voel hy eerder ongemaklik en verleë om deur jou gedien te word.

Eweneens, hulle wie in hulle harte die Woord van God ontvang en probeer om self hulle harte nederig te hou, hoef nie bekommerd te wees oor hoe om ander te dien nie. Indien die houding in jou hart nederig is, sal elke woord en handeling natuurlik met nederigheid gepaard gaan, en jy sal die houding van dien, omgee vir en ander respekteer, openbaar. Dan selfs al bekommer dit jou nie, of jy wonder hoe om ander te dien, sal hulle rustig en gemaklik wees, deur jou interaksie met hulle.

Laat ek vir jou 'n voorbeel uit die daaglikse lewe gee, sodat jy die innerlike hart en die houer beter kan verstaan. Wanneer ouers vir hulle kinders sê, "Julle kamer is deurmekaar, ruim dit op, en plaas die items op die regte plekke," sommige kinders is ongehoorsaam teenoor hulle ouers en sal eerder sê, dat hulle nie die deurmekaarspul veroorsaak het nie. Ander kinders weer sal net die items wat onnet voorkom, na die hoeke van die kamer skuif. In hierdie geval tree hulle op asof hulle teenoor hulle ouers gehoorsaam is, maar hulle dink nie eers oor wat hulle ouers se bedoeling was nie.

Indien hulle innerlike harte het wat hulle ouers wil gehoorsaam wees, en indien hulle die ouers se woorde in hul harte ontvang, wat sal hulle doen? Hulle sal nie net probeer om dit wat dadelik sigbaar is, op te ruim nie, maar hulle sal elke hoek vna die kamer skoonmaak. Verdermeer, hulle sal probeer om die kamer skoon te hou. Met die besef dat dit die ouers se wens is dat hulle nie net die kamer moet skoonmaak nie, maar dat hulle uit gewoonte die kamer sal skoon en netjies hou.

Dieselfde beginsel is op alles van toepassing. Hulle wie ander mense se woorde in hulle harte ontvang, en geloofwaardig en betroubaar daarmee kan handel, kan die Woord van God in hulle harte ontvang en Sy wil verstaan, en dit dan gehoorsaam. Aan die ander kant, hulle wie net vanaf hulle eie standpunt dink, en hulle wie probeer om vir die oomblik die blaam te vermy, sal dieselfde met God se Woord doen.

Ons hart, innerlik hart en houer is dinge waarmee ons geboere word. Maar, ooreenstemmende hoeveel ons probeer om goedheid te weeg te bring, en hoe wyd ons, ons hart met alles gebruik, kan ons houer en innerlike hart verander. Soos wat ons goedheid in ons harte stoor en sonde uit ons harte verwerp, kan ons goeie innerlike harte en groot houers hê. Tot daardie selfde mate sal ons in staat wees, om heiliging baie vinniger ten uitvoer te bring.

4. Karaktertrekke van die vierde geloofsvlak

Ons moet ernstig na God se Woord hunker, en probeer om die wil van God te verstaan, soos wat dit in die Woord opgeteken is. Dan kan ons vinning verander met behulp van God se genade en Sy krag, terwyl die Heilige Gees ons ook sal help. Indien ons alle sondige gewoontes uit ons hart verwerp, met behulp van die Heilige Gees se krag, word ons mense van die gees en die waarheid, en die vierde geloofsvlak word bereik. Nou, laat ons die karaktertrekke van die vierde geloofsvlak ondersoek.

Geloof om God onvoorwaardelik lief te hê

Die vierde geloofsvlak is die vlak waar jy vir God onvoorwaardelik liefhet. Jy probeer nie lief wees nie, maar jy is vir God met jou hele hart lief. Jy benader nie God met voorwaardes deur te sê, "God, indien U dit en dat vir my doen, sal ek dit vir U doen."

Jy verwag nie enigiets in ruil vir jou liefde wat jy gee nie, maar jy het Hom onvoorwaardelik lief. Om God se gebooie te onderhou, hou jy dit nie om antwoorde op jou gebede en seëninge te ontvang nie. Nog minder onderhou jy dit, uit vrees dat rampe jou mag tref. Jy onderhou dit omdat, soos vuur in jou hart, voel jy God, wie ons eerste liefgehad het, se liefde. Jy voel dit is so natuurlik om Hom lief te hê, en Sy gebooie te onderhou. Vir jou is dit net vreugde en blydskap.

Daniël het gedurende sy gebede God bedank, wetende dat hy in die leeukuil gegooi sal word, indien hy sou bid. Hy het nie met droefheid, bekommernis en angstigheid in sy hart gesê, "God, red my! Ek probeer om U gebooie te onderhou en ek is in gevaar." Hy het eerder gemaklik gebid en sy dank betuig. Hy het God liefgehad en Sy wil nagevolg, en omdat hy die gevolge in God se hande gelaat het, kon hy nog dankbaar wees, of hy sou lewe of sterwe.

Dit was ook in die drie vriende se geval waar. Wat het hulle voor die koning bely, toe hy gedreig het om hulle in 'n brandende oond te gooi, indien hulle nie voor die beeld wou buig en dit aanbid nie?

Daniël 3:17-18 sê, "Ons het ons God vir wie ons dien. Hy het die mag om ons te red uit die brandende oond, en Hy sal ons ook red uit u mag. Selfs as Hy dit nie doen nie, moet u weet dat ons u god nie sal dien nie, die goue beeld wat u laat oprig het, nie sal aanbid nie."

Hulle het nie alleen in God, wie hulle van die vuur kon red, se krag geglo nie, maar selfs indien God hulle nie sou red nie, sal hulle steeds Sy wil volg.

Paulus en Silas was in die tronk met voetboeie aan, maar hulle het nie teenoor God gekla nie en ook geen bekommernisse gehad nie. Inteendeel, hulle het gejuig en hulle dank uitgespreek, en 'n loflied tot eer van God gesing. Dit dien as voorbeeld van 'n persoon by die vierde geloofsvlak, die ware kinders van God, wie Hy graag wil bekom. Dan, deur die werking van God, was daar 'n aardbewing, en hulle voetboeie het los geword.

Geloof om God eerste lief te hê

Indien jy God eerste liefhet, het jy geen ander begeerte vir wêreldse roem of rykdom nie, en jy het vir God liewer as jou familie of jou eie lewe. Paulus sê in Filippense 3:7-8, "Maar wat eers vir my 'n bate was, beskou ek nou as waardeloos ter wille van Christus, ja nog meer: ek beskou alles as waardeloos, want om Christus Jesus, my Here, te ken, oortref alles in waarde. Ter wille van Hom het ek alles prysgegee en beskou ek dit as verwerplik sodat ek Christus as enigste bate kan verkry." Dit beteken dat hy al die dinge wat hy as waardevol en kosbaar in die wêreld beskou het, kan verlaat, indien dit vir die Here was.

Jesus sê in Markus 10:29-30, "Dit verseker Ek julle: Daar is niemand wat ter wille van My en ter wille van die evangelie afgesien het van sy huis of broers of susters of ma of pa of kinders of eiendom nie, of hy kry nou in hierdie tyd honderd keer soveel: huise en broers en susters en moeders en kinders en eiendom, saam met baie vervolging, en in die bedeling wat kom, die ewige lewe."

Indien jy volgens die Woord van die Here optree, kan jy in die begin vervolgings te wagte wees, en indien jou geloof nie baie sterk is nie, kan jy moeilike tye daaroor verwag. Maar wanneer jou geloof onveranderlik is, en jy die lewe van 'n heilige gelowige lei, sal selfs die wêreldse mense jou erken. Verdermeer, wanneer jy geestelik word en God innig liefhet, kan Satan jou nie meer oorwin nie, en sal alle vervolgings verdwyn, en mense sal jou as 'n ware Christen erken en respekteer.

Indien ons in die geloof optree en nie probeer om 'n skikkingooreenkoms aan te gaan nie, sal God ons help om uiteindelik aan Hom hulde te bring. Deur te sê God is belangriker as jou kinders of familie en jy verwerp vleeslike toegeneentheid, nietemin, dit beteken nie dat jy ongevoelig teenoor jou familielede moet wees nie. Jy moet hulle dien, soos wat hulle veronderstel is om gedien te word. Jy moet jou familielede baie beter dien as wat die ongelowiges doen. Verder moet jy 'n gelowige familielid in God se huis wees. Dit is ook God se wil dat jou ongelowige familielede deur jou goeie dade aangeraak sal word, die Here aanneem, en die saligheid ontvang.

Maar indien ons in God, wie geboorte aan ons gees gegee het, en ons gered het van die straf van die hel, glo, is dit nie iets natuurliks dat ons God liewer sal hê, as enigiemand of enigiets anders in die wêreld nie? Indien ons God die liefste het, sal ons almal dien met goedheid en liefde, en sal ander se voordeel in alles eerste soek. Dan, sal ons ander met 'n ware geestelike liefde liefhê.

Voorspoed in alle opsigte en gesondheid, soos wat die siel voorspoedig is

3 Johannes 1:2 sê, "Liewe Gaius, ek hoop dat jy gesond is en dat dit in alle opsigte so goed gaan met jou as wat dit geestelik met jou gaan." Hier, 'voorspoed in alle opsigte en om goeie gesondheid te geniet' beteken dat hulle fisies gesond sal wees, asook dat hulle in alle opsigte insluitende hulle familie, werkplek en besigheid voorspoedig sal wees.

Vir hulle wie se siele bloei, sal God gesondheid, welvaart, roem, wysheid, verstand en baie ander dinge voorsien, soos benodig. God sal in hulle lewens ingryp, om hulle op 'n voorspoedige manier te lei.

Nou, wat beteken 'ons siel is voorspoedig', wat lei tot die ontvangs van seëninge? Eenvoudig gesproke, kan ons sê dat ons siel voorspoedig is wanneer ons dooie gees opgewek is, en die orde tussen die gees, siel en liggaam word behoorlik in stand gehou. Dit vind plaas wanneer ons dooie gees opgewek word, deur die Here aan te neem, en die opgewekte gees kom as die meester om, oor die siel asook die liggaam beheer te neem.

Oorspronklik, toe God die eerste mens, Adam, geskep het, het Hy hom as 'n lewende gees geskep. Adam was met 'n gees, siel en liggaam geskep. Dit was die gees wat met God gekommunikeer het. Die siel was deur die gees beheer, en die liggaam was die houer wat die gees sowel as die siel bevat het. Maar Adam het sonde gedoen om van die boom van die kennis van goed en kwaad te eet, en het God se bevel oortree. Dus het Adam se gees gesterf, ooreenkomstig die wet van die geestelike koninkryk, wat voorskryf dat die loon van die sonde die dood is.

Hier, 'doodgaan van die gees' beteken dit nie dat die gees uitgedoof word nie, maar dat die aktiwiteit van die gees stop. Wanneer die gees doodgaan en dit totaal onaktief word, neem die siel die plek in van die gees en begin as die meester optree.

'Siel' is die generiese term vir die geheuemeganisme in die brein, alle kennis word daarin vervat, en die handelinge soos onthou en aanwending van kennis vind daar plaas. Wanneer 'n mens iets ervaar, stoor hy dit in sy geheue, en onthou en dink daaroor, en wend sy kennis aan. Al hierdie aksies is "handelinge van die siel."

Wanneer die gees die rol van die meester oorneem, kan die mens met God geestelik kommunikeer en die kennis van waarheid van God ontvang. Daarom, die handelinge van die siel vind alleenlik in die waarheid plaas, en die liggaam praat en handel net in die waarheid, soos deur die gees verkies. Maar sedert die gees dood is en die kommunikasie met God afgeskaf was, het die vyandige duiwel en Satan begin om die mens deur sy siel te beheer.

Die kennis van die waarheid wat God in die mens se hart gesaai het, het drupsgewys begin lek, en in plaas daarvan is die kennis van onwaarhede en verskeie sondes en kwaadhede, in die vyandige duiwel en Satan geplant. Met die verloop van tyd het die hart van die mens meer besmet met onwaarhede geraak, en die mens het met allerhande soorte sondes en kwaadhede begin saamleef. Die 'siel se voorspoed' verwys na wanneer die gees opgewek is, en die rol speel van die meester ten opsigte van die siel en die liggaam, net soos Adam toe hy eerste geskep was.

Vir die dooie gees van die mens om opgewek te word, moet

ons Jesus Christus aanneem en die Heilige Gees ontvang. Die Heilige Gees kom in ons hart en wek die dooie gees daarin op. Hy help ons om die kennis van die waarheid in ons hart weer te vul. Wanneer ons na die Woord luister, help Hy ons om dit te verstaan en te glo, en te weet van sonde, geregtigheid en oordeel. Hy gee ons die krag om elke keer te dink, te praat en te handel in die waarheid.

Wanneer ons die werke van die Heilige Gees, wie ons help, gehoorsaam, kan ons deur die Heilige Gees aan die gees geboorte gee. Die onwaarhede soos trots, haat, kwaad, afguns, owerspel en verkeerde begeertes wat deur die vyandige duiwel en Satan geplant is, sal een vir een verwyder word, en die hart sal met die waarheid gevul word. Indien jy jou hart volledig met die waarheid vul, sal jy die beeld van die eerste mens wie God geskep het, herwin, en dit is wanneer jou siel voorspoedig is.

Indien jy alle onwaarhede uit jou hart verwerp en jou siel is voorspoedig, in terme van die maat van geloof, dan is jy by die vierde geloofsvlak. Dan is jy nie meer 'n mens van die vlees wat vergaan nie, en ook nie 'n persoon wie deur die siel beheer word nie. Indien jy geen kwaad meer in jou hart het nie, kan Satan nie enige onware gedagtes deur jou siel aanspoor nie.

Dit is soos om 'n radiofrekwensie te selekteer. Jy sal verskillende uitsendings oor die radio hoor, afhangende van op watter frekwensie jy ingeskakel het. Indien jou gees die meester is, sal jou hart op die Heilige Gees se frekwensie wees. Indien jou siel die meester is, sal jou hart op Satan se frekwensie wees.

Indien jy jou hart met die waarheid vul en jou gees is die meester, sal jy al die Heilige Gees se onderrig aanvaar, naamlik die waarheid, en jou siel en liggaam sal jou gees gehoorsaam, sodat jy slegs gedagtes en handelinge van die waarheid het. In teenstelling daarmee, indien jou siel die meester is, sal jy dink soos Satan wil hê dat jy moet dink, en jy sal kwaadwillig optree.

Laat ek vir jou 'n voorbeeld gee. Veronderstel jy het sekere ongemaklike gevoelens teenoor 'n spesifieke persoon, wat op 'n stadium iets gedoen het waarvan jy nie gehou het nie. Dan, sal Satan deur jou siel werk. "Hy doen dit weer. Ek haat dit. Ek mag hom dalk slaan." Hierdie gedagtes van onwaarheid word deur Satan in jou geplant. Teen hierdie tyd, indien jy sulke sondige toorn en kwadegevoelens het, sal jy die gedagtes van onwaarheid aanneem en kwaad word, of selfs daardie persoon slaan.

Maar hulle wie se siele voorspoedig is, al probeer Satan om gedagtes van onwaarheid in hulle te plant, hulle het geen kwaad in hulle harte om daardie gedagtes van onwaarheid te aanvaar nie. Hulle het net liefde, vergifnis deernis in plaas van haat en kwaad, dus al sou die ander persone onbeskof optree, sal hulle dit verstaan en die ander persoon liefhê en aanvaar. Daarom, net soos wat ons nie die ander uitsending kan hoor nie, omdat ons nie op daardie frekwensie ingeskakel is nie, net so kan Satan nie ons gedagtes beheer nie, indien ons nie luister nie. Mense wie se siele voorspoedig is, sal die vrugte van die saligsprekinge dra; die geestelike liefde wat in die Liefdes Hoofstuk, 1 Korintiërs 13; en die nege vrugte van die Heilige Gees.

5. Seëninge gegee aan die mens van die gees

Ooreenkomstig ons maat van geloof, sal ons verskillende woonplekke en saligheid in die hemel ontvang. Die geestelike en die materiële seëninge op die aarde sal ook verskil. Indien ons die vierde vlak betree, beteken dit dat ons van alle sondes in ons hart ontslae geraak het, en heilig geword het. Eers dan kan ons ware kinders van God genoem word. Ook, slegs dan kan ons die geestelike mag as die kinders van die lig geniet.

1 Johannes 5:18 sê, "Ons weet dat iemand wat 'n kind van God is, nie meer sondig nie, maar die Seun van God bewaar hom, en die duiwel kry geen houvas op hom nie." Die sondige een, naamlik die vyandige duiwel en Satan beskuldig die mens van die vlees wie in sonde lewe, en beproewinge en rampe word oor hulle gebring. Maar hulle wie die sondes selfs uit hulle harte verwerp het, pleeg nie sonde nie, dus kan God hulle beskerm en hulle sal nie rampe beleef nie.

Natuurlik, daar is beproewinge wat deur God toegelaat word, sodat Sy kinders totaal geesgevuld kan word, maar dit is verskillend van die beproewinge wat die vyandige duiwel voortbring. Selfs gedurende die beproewinge sal hulle voorspoedig in alles wees, en God se teenwoordigheid sal aangevoel kan word.

Soos in Josef, seun van Jakob se geval. Deur Sy voorsienigheid het God toegelaat dat Josef as 'n slaaf in Egipte verkoop word. Maar selfs gedurende beproewinge was God met hom, en was hy in alle aspekte voorspoedig (Genesis 39:23). Na afloop van die beproewinge het God hom in een van die edelikste posisies geplaas.

1 Johannes 3:21-22 sê, "Geliefdes, as ons gewete ons nie veroordeel nie, het ons vrymoedigheid om na God te gaan; en wat ons vra, kry ons van Hom omdat ons sy gebooie gehoorsaam en doen wat Hy goedvind." Soos reeds gesê, omdat geestelike mense nie sondig nie, het het hulle geestelike magte. Selfs met liggaamlike aspekte is hulle voor God vol selfvertroue, en ontvang antwoorde op hul gebede ongeag wat hulle vra. Dus, laat ons kyk na die seëninge wat die geestelike mense sal ontvang.

Seëninge met gesondheid

Geestelike mense sal nie as gevolg van siektes of swakhede ly nie. Hulle word gedurig deur die vurige muur van die Heilige Gees beskerm, dus kan siektes hulle nooit binnedring nie. Selfs al sou hulle op die een of ander wyse besmet raak, sal dit na gebed deur die Heilige Gees onmiddellik vernietig word.

Voordat jy geestelik word, kan jy verskeie genesingswerke ervaar, wanneer jy in die geestelike geloofskringe beweeg en woon. Selfs al sou jy in 'n motorongeluk betrokke raak, dat die voertuig afgeskryf moet word as gevolg van die skade, sal God jou beskerm, solank as wat jy die Sabbatdag heilig en voldoende tiendes gee. Daarom, wanneer hulle wie nie eers geestelik is nie, deur God beskerm word, is dit onnodig om te sê dat hulle wie waarlik geestelik is, sal volkome deur God beskerm word. Hulle sal nie aan siektes of ongelukke blootgestel word nie. Indien jy volkome geestelik word, sal jy jonger word en krag en gesondheid herwin.

Verder, afgesien daarvan dat hulleself gesonder is, wanneer geestelike mense vir ander bid, sal genesingswerke plaasvind. Soos in Jakobus 5:16 weergegee, "Bely julle sondes eerlik teenoor mekaar en bid vir mekaar, sodat julle gesond kan word. Die gebed van 'n gelowige het 'n kragtige uitwerking." Genesingswerke sal plaasvind, wanneer geestelike mense vir mekaar bid.

Finansiële seëninge

Voordat ek die Here aangeneem het, was ek in ernstige finansiële moeilikheid, as gevolg van my langdurige siekte. Nadat ek 'n Christen geword het en al die beproewinge te bowe gekom het en geestelik geword het, het God my mildelik geseën, sodat ek binne 'n aantal maande al my skuld kon vereffen. God seën ons na gelang van hoe ons gesaai het (Galasiërs 6:7). Verdermeer, indien ons een eenheid saai, gee Hy gewoonlik meer as dubbeld ons inset, terug. Indien ons na die vierde geloofsvlak, wat die geestelikevlak is, beweeg, sal ons nie net dubbeld ons inset oes nie, maar baie meer.

Matteus 13:23 sê, "Die man by wie daar op goeie grond gesaai is, is hy wat die woord hoor en dit verstaan. Hy dra inderdaad vrug en lewer 'n oes: soms honderdvoudig, soms sestigvoudig, soms dertigvoudig."

Dit gaan nie alleen oor geestelike seëninge nie, maar ook oor stoflike seëninge. Hulle wie geestelik geword het en goedhartig is, sal dertigvoudig, sestigvoudig en selfs meer oes. Indien jy na die vyfde vlak, die totale geestelikevlak gaan, dan sal jy sestigvoudig of honderdvoudig oes. Selfs wanneer dit blyk dat jy op geen wyse seëninge gaan ontvang nie, en dat jy geen besondere vaardighede het nie deur geestelik te word nie, sal God 'n sekere geleentheid skep om vir jou seëninge te gee, deur vir jou daardie weg aan te wys. Deuteronomium 28:1-14 is is die belofte van die seëninge aan hulle wie geestelik word.

Verse 2-3 sê, "As jy luister na die Here jou God, sal al hierdie seëninge oor jou kom en jou lewe verryk. Jy sal geseën wees in die stad, jy sal geseën in die oop veld.'" Verse 5-6 sê, "Jou oesmandjie en jou knieskottel sal geseën wees. Jy sal geseën wees waar jy ook gaan."

Die seëninge vir die geestelike mens sal ook kom, vir diegene wie by hulle is. Dit was net soos met Lot, wie met Abraham was. Lot het ook seëninge ontvang, en was baie vermoënd gewees.

God het vir Abraham in Genesis 12:3 belowe, "Ek sal seën wie jou seën, en hom vervloek wat jou vervloek. In jou sal al die volke van die aarde geseën wees."

Natuurlik, vir jou om die vergunnings van seëninge en vervloekings te kan ontvang, moet jy volkome geesgevuld word. Maar selfs by die vierde geloofsvlak, die geestelikevlak, sal persone rondom jou, seëninge saam met jou ontvang. Maar, alhoewel jy in die teenwoordigheid van geesgevulde mense is, en jy nie vir God sigbaar is nie, kan jy ook nie seëninge, ooreenkomstig God se geregtigheid, ontvang nie.

Ontvang altyd die leiding van die Heilige Gees

Wanneer jy 'die geloofsrots' by die derde geloofsvlak bereik, sal jy in staat wees om die Woord van God te gehoorsaam, en deur dit te doen, ontvang jy die leiding van die Heilige Gees en sal jy op die meeste terreine suksesvol wees. Nogtans, het jy dan nog nie die vlak bereik, waar jou hart ten volle met die waarheid gevul is nie, en jy volkome op God vertrou nie.

Op hierdie stadium kan jy die leiding van die Heilige Gees ontvang, maar tot so 'n mate omdat jy steeds vleeslike gedagtes het. Jy kan dus nie die Heilige Gees se leiding 100% ontvang nie. Somtyds raak jy verward. Byvoorbeeld, nadat jy 'n sekere taak onder leiding van die Heilige Gees aangepak het, en jy ondervind probleme, sal jou selfversekerdheid 'n knou kry. Jy mag jou dalk self afvra, "Het ek regtig die leiding van die Heilige Gees gekry, of is dit van my gedagtes afkomstig?"

Inteendeel, hulle wie by die vierde geloofsvlak is, het 'n hart wat volkome met die waarheid gevul is, en die Woord van God is in hulle lewens self ingegraveer. Hulle probeer nie om die Woord te beoefen nie, maar omdat hulle hart in die waarheid self verander het, kom hulle handelinge natuurlik uit die waarheid voort.

By hierdie vlak ontvang jy die leiding vanaf die Heilige Gees korrek, en slegs Sy stem word deur jou gehoorsaam. jy gehoorsaam slegs sy stem. Ook, indien jy oor iets bid om dit in die geloof ten uitvoer te bring, sal jy standvastig volhou, totdat daardie gebed verhoor word. Indien jy net op hierdie wyse gehoorsaam bly, sal God jou op 'n teer en omsigtige manier begelei. Wanneer jy 'n gebrek aan wysheid en kennis het, sal Hy dit mildelik voorsien.

Wanneer die geesgevulde mens optree en volkome op God vertrou, en selfs wanneer so 'n persoon fouteer en teen God se wil vir die oomblik handel, sal God hulle beskerm. Selfs wanneer daar 'n valstrik deur 'n sondige persoon gestel word, sal God Homself beheer van die situasie neem. Hy sal toesien dat die geesgevulde mens 'n uitweg uit die situasie kry, en Hy laat alles uit die situasie ten goede gebeur.

Ook, soos Deuteronomium 28:13 sê, "Die HERE jou God sal jou die kop maak, nie die stert nie, en sal jy altyd bo wees, nie onder nie," waar hulle ook al gaan, sal hulle 'n sleutelposisie beklee.

Daniël en sy drie vriende het die bevele van God volkome onderhou, selfs gedurende die situasie toe hulle in 'n ander land gevangenes was. Dus, God het vir hulle groot wysheid en kennis voorsien, sodat hulle die koning se erkenning kon bekom, deur vir hulle in gesagsposisies in daardie land te plaas. Verdermeer, selfs toe hulle in die gloeiende smeltoond geplaas, of in die leeukuil gegooi is, as gevolg van sondige mense se optredes, het God hulle so beskerm dat nie 'n enkele haar op hulle koppe eers geskroei het nie.

Seëninge ten opsigte van familie-evangelisasie

Handelinge 16:31 sê, "Hulle antwoord hom: 'Glo in die Here Jesus, en jy sal gered word, jy en jou huisgesin.'" Indien een persoon in die Here glo en 'n ware Christen word, sal hy en sy familielede ook die saligheid ontvang.

Ook, in Handelinge hoofstuk 10, het Kornelius sy familielede en vriende, asook Petrus uitgenooi. Teen daardie tyd het almal wat daar vergader het, na die evangelie geluister, en die Heilige Gees ontvang. Deur te sien dat sy huisgesin en selfs sy vriende na Kornelius luister, kan ons sien watter soort lewe hy daagliks gelei het.

Indien jy 'n goddelike lewe soos Kornelius lei, sal jou familielede, vriende en mense rondom jou, jou vertrou met alles wat jy sê. Jou woorde sal die krag hê, om werke ten uitvoer te bring. Daarom, indien jy vir familie-evangelisasie bid, bepaal eerstens tot watter mate jy die voorbeeld stel vir diens en selfopoffering.

Al het jy nog nie volkome geestelik geword nie, tot die mate wat jy geestelik word en genade aan ander mense se deugsaamheid en grootmoedigheid betoon, sal jou familielede ook gelowig word.

Om geestelik te word beteken nie alleen om groot werke van God te doen nie, en om grootliks Sy krag te vertoon nie, en te veroorsaak dat baie mense aan God eer bewys nie. Mense van die gees sal hulleself daagliks in alle situasies selfs verneder om ander te dien, en hulle eie dade en woorde mooi te laat wees.

Dit is die bewys dat hulle geestelik is. Hulle word die lig en sout en gee aan God die eer. Indien jy so verander, sal nie alleen die mense aangeraak word daardeur nie, maar ook God sal aangeraak word, en Hy sal jou mildelik in alles seën.

Glorie verskaf in ewigdurende Hemel

Die seëninge wat hulle, wie geestelik word, sal ontvang, kan nie alles hier verduidelik word nie. Die grootste seëning van alle seëninge wat hulle op hierdie aarde kan ontvang, is die glorie wat hulle in die ewige koninkryk van die hemel sal ontvang. Die lewe in die Tweede Koninkryk van die Hemel, vir hulle by die derde geloofsvlak, en dit van die Derde Koninkryk van die Hemel, vir hulle by die vierde geloofsvlak, is totaal verskillend ten opsigte van grootte rakende eer en geluk.

Bowenal, hulle by die derde geloofsvlak, of laer, kan nie eers God se gesig in die koninkryk van die hemel sien nie. Dit is soos Hebreërs 12:14 sê, "Beywer julle vir vrede met alle mense asook vir 'n heilige lewe, waarsonder niemand die Here sal sien nie."

Om vrede en heiliging met alle mense na te streef, moet ons heilig wees en die vierde geloofsvlak bereik. Tensy ons alle sondes in ons hart verwerp en geestelik word, kan ons nie die gesigte van die Liewe Here of God die Vader sien nie. Alhoewel ons steeds gered kan word en die koninkryk van die hemel binnegaan, sal ons nie in staat wees om op te kyk in hulle gesigte nie, omdat die ligte van glorie te sterk sal wees.

Daarom, hulle wie nie inwoners van Nuwe Jerusalem is nie, sal nie die stad binnegaan nie, al word hulle ook uitgenooi. Dit is omdat die lig van die hemelliggame in elke hemelse woonplek sal verskil. Hulle wie inwoners van die Derde Koninkryk van die Hemel, of laer is, sal uitrustings moet leen om in Nuwe Jerusalem te dra, om sodoende die ligverskil te oorkom.

Selfs al vervang hulle hul klere voel hulle so jammer dat hulle nie direk na die gesig van die glorieryke Here kan kyk nie. Dit is soos in die ou dae in Korea, met eerbied in hulle gedagtes, hulle wie voor die keiser of koning verskyn het, kon nie hulle koppe oplig nie.

Hulle by die Derde Koninkryk van die Hemel wie heiligmaking in hulle harte ten uitvoer gebring het, kan die Here se gesig sien, omdat hulle slegs 'n klein bietjie te kort geskiet het om ten volle aan al God se huishoudelike behoeftes te voldoen. Indien ons net daaraan dink, kan ons sien hoe verskil hulle wie heilig is en hulle wie onheilig is.

6. Die Derde Koninkryk van die Hemel

Hemelse woonplekke is onvergelykbaar gelukkiger as aardse woonplekke. Daar is geen onwaarhede nie, en in plaas van droefheid en pyn is daar net liefde en vreugde. Daar is pragtige engele, soete wysies van lofsange en die keurigste tonele word

daar gevind. Ons sal daar saam met ons geliefdes vir altyd woon.
Die soort glorie wat ons in die hemel sal geniet, sal ook baie
verskil, ooreenkomstig ons geloofsvlak.

In die Paradys, die Eerste Koninkryk, en die Tweede
Koninkryk van die Hemel, is daar baie engele wie dinge in stand
hou, en die kinders van God van tyd tot tyd help. Daar is egter
geen engele wie jou persoonlik by hierdie vlakke versorg nie.
Engele wie individue persoonlik versorg word aan diegene gegee
wie die Derde Koninkryk en hoër binnegaan. Verder, die aantal
engele wie hulle verteenwoordig sal ook verskil, afhangend van
hoe heilig iemand is, en hoeveel vreugde jy God verskaf het met
jou geloofsdade en gehoorsaamheid.

Die engelediens is verskillend vir hulle wie in die Tweede en
Derde koninkryke van die Hemel is. In die Derde Koninkryk
van die Hemel lees die engele hul meester se gedagte, en doen
wat hulle goedvind. Byvoorbeeld, indien die meester graag
vrugte wil hê, sal die engele sy gedagtes lees, en vir hom die
vrugte bring. Hulle in die Tweede Koninkryk sal egter vir die
engele moet vra, om vir hulle vrugte te bring.

Ook aan hulle in die Derde Koninkryk van die Hemel en
hoër, word wolkagtige voertuie voorsien. Vir hulle wie in Nuwe
Jerusalem is, sal privaateienaar wolkagtige voertuie voorsien
word, terwyl hulle in die Derde Koninkryk van die Hemel slegs
wolkagtige voertuie vir publieke gebruik sal hê. Die wolke in die

hemel verskil van die wolke op die aarde. Hemelse wolke is iets soos 'n versiering, om meer glorie en skoonheid te verskaf.

Aanvullend, selfs die uiterlike voorkoms van die mense in die Tweede Koninkryk en laer, verskil van hulle in die Derde Koninkryk en hoër. Die lig van glorie, die klere, die patrone op die klere, die versierings en die hairstyle is verskillend, sodat ons maklik kan sien hoe heilig iemand is, en hoeveel God elke individu liefhet.

Nou, wat omtrent die huise in die Derde Koninkryk? Hoe is dit gebou? Huise in die Tweede Koninkryk is almal enkelverdieping geboue. Alhoewel, vanaf die Derde Koninkryk word die geboue as dubbelverdiepings opgerig. Dit word met suiwer goud en edelstene versier, en het mere asook asemrowende tuine met geurige blomme en bome. Daar is ook baie visse in die meer, en jy kan lifelike gesprekke met hulle aanknoop.

In die Tweede Koninkryk van die Hemel kan jy enige soort fasaliteit verkry soos 'n gholfbaan, swembad of 'n wandellaan, maar jy mag net een fasaliteit kies. Maar in die Derde Koninkryk kan jy enige soort fasaliteit verkry, wat jy wil hê. Die herehuise in die Derde Koninkryk wat hierdie fasaliteite het, is versier met so baie prag en vernaamheid dat selfs die miljarders op hierdie aarde dit nie kan naboots nie.

'n Ander verskil van die Tweede Koninkryk is dat daar geen naamborde is, wat die inwoner in die Derde Koninkryk identifiseer nie. Dit is omdat daar 'n spesiale en eiesoortige geurigheid uit die huis kom, om die mense maklik die hartlikheid en eienaarskap van die inwoner, te laat waarneem. Net soos wat die geestelike geur van elke persoon verskillend is, sal die geur en die ligte wat uit elke huis kom, ook verskil. Hoe meer heilig die eienaar is, en met God ooreenkom, hoe mooier en pragtiger sal die geur en lig wees, wat uit daardie huis kom.

Watter soort kroon sal hulle in die Derde Koninkryk van die Hemel ontvang? Jakobus 1:12 sê, "Gelukkig is die mens wat in versoeking standvastig bly. As hy die toets deurstaan het, sal hy as oorwinningsprys die lewe ontvang wat die Here belowe het aan dié wat Hom liefhet." Soos gesê, hulle sal die kroon van die lewe ontvang.

En Openbaring 2:10 sê, "...Bly getrou tot die dood toe, en Ek sal julle die lewe as kroon gee." Om tot die dood getrou te bly, is om op geestelike wyses getrou te wees. Hulle vervul hul Godgegewe pligte vir die koninkryk van God, met die geloof van martelaarskap. Verdermeer, hulle gaan nie 'n skikkingsooreenkoms met hierdie wêreld aan nie. Hulle voer die stryd teen die verwerping van die sonde, tot die punt van bloedstorting, en word volkome heilig. Dit is hulle wie tot die dood toe getrou bly.

Hulle wie die Derde Koninkryk van die Hemel binnegaan, het die heiliging ten uitvoer gebring, en was met hulle lewens tot die dood toe getrou, dus sal hulle die kroon van die lewe daarvoor ontvang. Selfs wanneer iemand nie ten volle heilig is nie, en vir die Here gemartel is, sal hy in die Derde Koninkryk van die Hemel woon, en die kroon van die lewe ontvang. Nietemin, die martelaar moet sy/haar lewe met ware geloof en liefde gee.

Ons moet nie langer hunker na die wêreld se roem en eer nie. Ons moet slegs na heiliging en die verwerping van die sonde uitsien. Ek wil vertrou dat jy nie langer na die wêreld sal hunker nie, maar daarna sal uitsien om geestelik en volkome geestelik te word, en elke oomblik in jou lewe sal aangryp, om 'n beter woonplek in die hemel deur geweld te bekom.

Hoofstuk 8

Stappe om by die Vyfde Geloofsvlak te kom

1. Vlakke van goedheid

2. Verwerping van spore van die vlees

3. Vulling van die geestelike inhoud

4. Beproewinge voor die bereiking van die vyfde geloofsvlak

"Deur dit te doen, het Hy ons die kosbaarste en allergrootste gawes geskenk wat Hy belowe het. Daardeur kan julle die verderf ontvlug wat deur begeerlikheid in die wêreld werksaam is, en deel kry aan die Goddelike natuur. En juis om hierdie rede moet julle alles in die stryd werp om julle geloof te verryk met deugsaamheid, die deugsaamheid met kennis, die kennis met selfbeheersing, die selfbeheersing met volharding, die volharding met godsvrug, die godsvrug met liefde onder mekaar en die liefde onder mekaar met liefde vir alle mense"
(2 Petrus 1:4-7).

Die vierde geloofsvlak is die vlak waar jy in alle aspekte seëninge ontvang, omdat jou siel voorspoedig is. Maar, jy is nie volkome vervul met die geestelike inhoud wat veronderstel is om hart te vul nie. Byvoorbeeld, hulle wie na die vierde geloofsvlak beweeg het, het nie die sondige natuur genaamd 'haat' nie, dus het hulle slegs liefde. Die groote en diepte van hulle liefde, sal van persoon tot persoon verskil. Ooreenkomstig hoeveel liefde hulle in die skoon houer, wat geen haat het nie, geplaas het, kan hulle meer geestelik word. Nou, laat ons in die maat van geloof, met betrekking die vlakke van goedheid, grawe. Laat ons ook kyk wat ons moet doen om na die vyfde geloofsvlak te beweeg.

1. Vlakke van goedheid

Goedheid kan in vier vlakke ingedeel word. By die eerste goedheidsvlak, indien iemand sleg teenoor jou optree, beleef jy ongemak, maar jy verdra hom en sal nie kwaad met kwaad vergeld nie. In hierdie wêreld, indien jy by die eerste goedheidsvlak is, sal jy as 'n baie goeie persoon beskou word. In beskouing van die maat van geloof, die derde geloofsvlak waar jy kan handel en optree ooreenkomstig die Woord, is aan die eerste goedheidsvlak gelykstaande.

Nogtans, die eerste goedheidsvlak word nie deur God as die ware goedheid beskou nie. Ofskoon mense nie uit kwaad optree nie, het hulle steeds in hulle harte sondigheid. God erken die tweede goedheidsvlak en hoër, as ware goedheid. By die tweede goedheidsvlak, selfs al sou iemand kwaadwillig teenoor jou optree, het jy hoegenaamd geen kwaaivriendskap teenoor hom nie. Jy kan hom sonder enige verontrusting in jou hart vergewe. Indien jy hierdie goedheidsvlak het, is daar in jou hart geen kwaad nie. Dit beteken dat jy 'n skoon, geestelik hart het, en dat jy by die vierde geloofsvlak is.

Wat kenmerk die derde goedheidsvlak? Jy kan sonder kwaaivriendskap kwaadwillige mense vergewe. Jy kan ander mense se harte, met mooi woorde en optredes versag en aanraak. Hulle wat op 'n meer gevorderde stadium by die vierde vlak is, of aan die begin van die vyfde vlak is, kan sulke dade uitvoer.

By die vierde goedheidsvlak het jy 'n opofferende liefde waarmee jy selfs jou lewe kan gee, vir die persoon wie kwaadwillig teen jou optree. Dit is gelykstaande aan die vyfde geloofsvlak. Hulle is diegene wie God verheerlik. Sommige bybelfigure as voorbeelde sal wees, Abraham, Moses, en Elia van die Ou Testament; en Paulus, Petrus, Johannes, Stefanus, en Philippus in die Nuwe Testament.

Jesus was nie net vir goeie mense gekruisig nie, maar om ook die sondaars te red. Selfs terwyl Hy gekruisig is, het Hy voorspraak om vergifnis vir hulle, wie Hom gekruisig het, gemaak. Slegs wanneer ons hierdie soort liefde kan uitstraal, kan ons sê dat ons die hoogste goeheidsvlak ten uitvoer gebring het.

2. Verwerping van spore van die vlees

By die vierde geloofsvlak het jy die sondes verwerp, maar spore van die vlees is steeds by jou teenwoordig. Mense is met oorspronklike sonde gebore, en omdat ons gelewe het in 'n wêreld wat deur sondes en kwaad verander is, mag jy steeds die spore hê, omdat jy die lewe van 'n vleeslike mens gelei het. Jy kan volkome geestelik word en deelneem aan die goddelike natuur, eers nadat jy dit ook reggestel het.

Hierdie vleeslike spore het 'n nou verband met die oorspronklike karaktertrekke of geaardheid wat 'n persoon het, voordat hy geestelik word. Byvoorbeeld, 'n persoon mag baie opreg en openhartig, eerlik, en regverdig wees, maar hy mag dalk liefde en vrygewigheid kortkom. Sommige mense is lief om vir ander te gee en is vol liefde, maar hulle emosie kan vinnig verander, of hulle woorde en optredes word soms rof, en hulle maak ander se gevoelens seer. Party mense was altyd gelowig teenoor hul pligte, dus was hulle altyd deur ander erken en geliefd. As gevolg hiervan, baie diep in hul harte het hulle trots, waarvan hulle nie bewus is nie.

Wanneer sulke persone hul sondes verwerp en na die vierde geloofsvlak beweeg, het hulle steeds oorblywende gedeeltes van hulle vorige karaktertrekke teenwoordig. As gevolg van hierdie spore van die vlees, gaan hulle deur beproewinge, om die perfekte ewebeeld van die Here te verkry. God is liefde, dus laat

Hy hierdie mense deur beproewinge gaan, sodat hulle selfs hierdie spore kan verwerp, en sodoende geestelik te kan word.

Nou mag jy wonder, "Hoe kan iemand vlees hê, nadat hy die sondes en kwaad verwerp het?" Indien jy aan die was van klere dink, mag jy dit dalk maklik verstaan. Wit klere wat baie ou grondvlekke het, sal nie weer so mooi wit wees soos aan die begin nie, selfs nadat dit gewas is. Op dieselfde wyse, is daar dinge wat in die mens gesetel is, terwyl hulle in die wêreld van vlees gewoon het, en deur die menslike opheffing gegaan het. Hierdie dinge bly as spore of oorblyfsels, nadat hulle alle sondes verwerp het, en heilig geword het.

Dus, 'n persoon by die vierde geloofsvlak is sekerlik 'n persoon van die gees, maar daar is 'spore van vlees' wat agterbly, en hy moet die vrugte van die waarheid perfek dra, om as die Here se ewebeeld oorweeg te word. Soos wat iemand se hart met die vrugte van die waarheid gevul word, sal sy vleeslike spore geleidelik verminder.

Laat ek vir jou 'n toeligting uit die Bybel gee, om die verskil tussen geestelik en volkome geestelik makliker te verstaan.

In Genesis hoofstuk 12, was Abram se vrou, Sarai, eens op 'n tyd deur die koning van Egipte geneem. Terwyl Abram na Egipte gegaan het, het hy gedink dat die Egiptenare hom leed sou aandoen, in 'n poging om Sarai van hom weg te neem. Dus het hy vir Sarai gevra, om te sê dat sy Abram se suster is. Natuurlik, volgens bloedlyne was hulle familielede, daarom was dit nie 'n leuen nie. Natuurlik was dit nie omdat hy bang was oor sy lafhartige houding, of ongeloof teenoor God nie.

Hy was ten volle in staat om hulle te konfronteer en om 'n situasie te hanteer, indien iets verkeerd sou loop, en hy het die geloof gehad dat hy die krag van God sal bekom. Nieteenstaande, hy wou geen probleme van watter aard ookal, in die eerste plek gehad het nie. Dit is waarom hy probeer het om 'n wyse manier te vind, en met die gedagte te voorskyn gekom het, om te sê dat Sarai sy suster was. Dit was nie 'n vleeslike gedagte wat uit onwaarheid voortgekom het nie, maar dit was 'n menslike gedagte, wat uit die beperkinge van die mens te voorskyn gekom het. Dit kan 'n spoor van die vlees genoem word.

Indien Abram reeds volkome geestelik op daardie stadium was, sou hy nie met hierdie idee vorendag gekom het nie, maar ten volle op God vertrou het. Dus, God het vir Abram 'n beproewing toegelaat, sodat hy God volkome kan vetrou, en op Hom kan staatmaak. Dit is dat Farao sy vrou, Sarai, geneem het. Aangesien Abram alreeds gesê het dat Sarai sy suster was, kon hy niks vir Farao sê nie, maar kon slegs oor haar bekommerd wees.

In hierdie situasie het God hom gehelp. God het 'n ramp oor Farao se huishouding gebring, en Abram het op 'n dramatiese wyse weer sy vrou teruggekry. Abram het God reeds voor dit vertrou, maar deur hierdie voorval, het hy deeglik God se alvermoë en alomteenwoordigheid ervaar. Natuurlik, Abram het nie 'n beproewing deurgemaak nie, omdat hy nie vir God vertrou het nie, en dit was ook nie as gevolg van sy sonde nie, dus het Abram geen verlies gehad nie. Maar, om deur die beproewing te gaan om oor sy vrou vir 'n oomblik bekommerd te wees, het hy die geloof verkry om God werklik te vertrou en op Hom staat te maak.

Laat ek vir jou 'n praktiese geval gee. Veronderstel 'n persoon gee breedvoerig bevele, selfs oor die werk wat sy ondergeskiktes in beheer van is en beplan. Hy doen dit nie tot sy eie voordeel nie, en hy probeer ook nie om probleme vir ander te gee nie. Hy wil slegs die wil van God uitvoer, en toesien dat die werkers seëninge ontvang, omdat hulle die werk goed afgehandel het, dus probeer hy hulle leer om dit effektief uit te voer.

Dit kan egter op 'n totaal verskillende manier, deur die werkers vertolk word. Hulle mag voel dat dit lastig is, of hulle mag ongemaklik daaroor voel. Hier, mag die senior blyk om dieselfde op te tree as 'n persoon wie by die derde geloofsvlak is, wie probleme aan ander gee met sy eiegeregtigheid en raamwerk van gedagtes. 'n Man van die gees het egter geen begeerte om glorie te ontvang, homself te openbaar, of om 'n opinie of veroordeling te gee of op ander neer te sien nie. Mense van die gees is sekerlik heilig, en het nie kwaad in hulle nie. In hierdie geval tree die senior slegs met die passie op, om God se werke te verwesenlik.

Indien hulle regtig 'n ooreenkoms met die Here se hart wil hê, sal hulle groter duidelikheid van die Heilige Gees kry, sodat hulle groter vrede kan najaag. Daarom, indien daar enige soort konfrontasie naby jou is, moet jy jouself verootmoedig en die situasie eers weer ondersoek. Jy moet die geloof, hart en standpunt van die ander weereens heroorweeg, en selfs al word die werk stadig gedoen, moet jy dit maar verdra, tensy dit totaal oneerlik is. Indien jy by jouself dink, "Ek praat met goeie bedoelings, en dit is tot voordeel van God se koninkryk, maar hulle kan nie my woorde hoor nie, omdat hulle sondig is," en net vir hulle jammer voel, kan dit geen verbetering vir jou bewerkstellig nie.

Tussen hulle wie geestelik geword het, is daar mense wie aan die begin van die vierde vlak vassteek, en dit is die rede daarvoor. Hulle het geestelik geword, en het geen sonde nie. Hulle is ook korrek, en omdat hulle slegs na die feit kyk dat hulle korrek is, kan hulle nie die dieper vlak van goedheid besef nie. Daarom, selfs al het jy by die vierde geloofsvlak gekom en geen sonde het nie, sal jy beproewinge, soos deur God toegelaat ontvang, om sodoende jou tekortkominge reg te stel.

3. Vulling van die geestelike inhoud

Selfs nadat jy die vierde geloofsvlak bereik het en 'n skoon houer vir die hart voorberei het, moet jy die houer met geestelike inhoud vul, om volmaak te word. Wat beteken 'vul met geestelik inhoud'?

In Genesis hoofstuk 13, toe God vir Abram geseën het, het sy neef, Lot, ook seëninge ontvang, omdat hy by Abram gewoon het. Nadat Abram en Lot se kuddes aangegroei het, grotendeels as gevolg van God se seëninge, het die herders van Abram en Lot met mekaar oor weiding en water begin rusie maak. Dus het Abram met 'n oplossing vorendag gekom, om die vrede te bewaar. Hy het vir Lot die geleentheid gegee om vir hom eerste 'n stuk land te kies, en Lot het die goeie land gekies en vir Abram verlaat. In hierdie situasie, indien Abram by die derde geloofsvlak was, kon hy ongemaklike gevoelens teenoor Lot gehad het.

Hoe sou hulle by die vierde geloofsvlak gevoel en opgetree het? Eerstens het hulle geen kwaadwillige gevoelens nie. Hulle sou 'n redelike oplossing kon voorstel, dat hulle paaie moet skei, maar hulle het geen negatiewe gevoelens of haat teenoor mekaar nie.

In Abram se geval, omdat hy die senior persoon was, kon hy vir Lot gesê het watter deel land om te neem, deur te sê, "Ter wille van vrede moet ons paaie eerder skei. Ek verkies om hierdie stuk land te neem, terwyl jy daardie stuk land kan kry." Omdat Abram 'n persoon was wie reeds geestelik geword het, sou hy nie vir sy eie voordeel die stuk land eerste gekies het nie. Abram het vir Lot met 'n goeie hart gedien.

"Die hele land lê oop voor jou. Gaan jy liewer weg van my af. As jy links gaan, gaan ek regs; en as jy regs gaan, gaan ek links" (Genesis 13:9).

Terwyl die vredesplan voorgestel was, het Abram vir Lot die eerste keuse gegee om die beste landsdeel te kies. Deur na hierdie optrede te kyk, kan ons sien dat Abram reeds oorvloedige geestelike vrugte in sy hart gehad het. Hy het nie net by die vlak gebly waar hy nie kwaadwilligheid beleef nie, maar in sy hart kon hy kwaad met goedheid vervang.

Selfs by die vierde vlak, waar iemand gevul is met meer geestelike vrugte, kon sy woorde en dade meer roerend en vrygewig wees. Wanneer die vrugte gedra 50%, 80% en uiteindelik 100% word, sal sy hart volkom met die waarheid gevul word, wat beteken dat hy volkome geestelik is. Ook, tot die mate wat hy sy hart met die waarheid vul, kan hy die wyse kies wat God die meeste verheerlik, in 'n situasie waar hy die keuses moet uitoefen.

Indien enige keuse in orde is en nie onwaar is in 'n sekere

situasie nie, kan hulle wie by die beginstadium van die vierde vlak is, kies wat hulle wil hê, sonder om baie daaroor te dink. Net tot die omvang wat hulle meer vrugte dra, sal hulle God se hart beter verstaan. Hulle sal eerder kies wat God verheerlik as wat hulle hul voorkeur sal kies, en dit beoefen. Ooreenkomstig die omvang waartoe iemand sy hart vervul met die inhoud van die gees by die vierde geloofsvlak, sal hy van 'n stadium beweeg waar hy bloot geen kwaad het nie, na 'n stadium waar hy perfekte goedheid ontwikkel het.

Natuurlik, selfs by die beginstadium van die vierde geloofsvlak het mense verskillende mates van goedheid ten opsigte van verskillende aspekte. Sommiges het meer liefde en vriendelikheid, terwyl ander weer meer vrugte van opoffering, diens en geloofwaardigheid het. Dus, kan ons nie sê dat iemand by die vyfde geloofsvlak is, omdat hy net 'n paar vrugte gedra het nie, of omdat hy soos 'n mens van die gees, van tyd tot tyd optree nie.

Dit is waarom hulle deur beproewinge moet gaan, om hulself selfs by die vierde geloofsvlak te verander, sodat hulle in alle aspekte na die Here kan lyk. Ons kan sê iemand is 'n mens van volle gees, slegs wanneer hy oorvloedig alle soorte vrugte van die waarheid dra, soos vrugte van liefde in 1 Korintiërs 13, die saligsprekinge, die nege vrugte van die Heilige Gees, vrugte van die lig en die vrugte van waarheid.

Ons moet by die vierde geloofsvlak of hoër wees om ware liefde met God te deel

God van liefde gee vir Sy kinders baie spesiale genade van saligheid. Hy gee die ewige lewe aan daardie siele wie bestem was vir die hel, en laat hulle die hemelse koninkryk binnegaan. Verdermeer, gedurende hulle lewenstyd op hierdie aarde, indien Sy kinders net met geestelike geloof iets vra, het God gereageer, ongeag wat hulle vra (Matteus 8:13).

Waarom is daar mense wat sê dat hulle nie antwoorde op hulle gebede gekry het nie, alhoewel hulle vuriglik gevra het? Dit is omdat hulle nie die bewys van geloof het, wat God kan erken nie. Die standaarde om die maat van geloof te beoordeel, is of ons die Woord van God gelowig onderhou, en tot watter mate ons sondes en kwaad uit ons hart verwerp het. As ons God meer navolg, sal die maat van geloof toeneem, en wanneer ons 'n groter maat van geloof het, kan ons meer seëninge ontvang en geniet.

Al is jy een van God se kinders wie die Heilige Gees en saligheid ontvang het, indien jou geloof by dieselfde merk bly, of terugwaarts gaan, dan is dit baie moeilik om God se werke te ervaar. Daarom, indien jy by die eerste geloofsvlak is, en saligheid ontvang het, moet jy ywerig na die Woord van God luister en dit beoefen, sodat jy by die tweede en derde geloofsvlak kan uitkom.

Slegs wanneer jy volkome in God se Woord woon, wat beteken dat wanneer jy by die vierde vlak en hoër kom, kan jy ware liefde met God deel en enigiets ontvang wat jy in jou gebede vra, omdat jy een van God se ware kinders is. Indien jy uiteindelik by die vyfde geloofsvlak kom, sal God die begeertes van jou hart beantwoord, selfs voordat jy daarvoor vra. Daarom, sal jy in staat wees om al God se werke in alle dinge te ervaar, en jy sal Hom verheerlik, ongeag of jy eet of drink of wat jy ookal doen.

4. Beproewinge voor die bereiking van die vyfde geloofsvlak

Mense wie by die vierde geloofsvlak is, is hulle wie sondes en kwaad uit hulle harte verwerp het en 'n skoon houer het. Ons kan egter nie sê dat hulle perfek is, net omdat hulle 'n skoon houer het nie. Hulle moet nie net by die toestand bly waar hulle geen sonde in hulle hart het nie, maar hulle harte moet volkome met goedheid gevul wees. Die skoon houer moet met geestelike inhoud gevul wees. Naamlik, hulle moet geestelike vrugte oorvloediglik voortbring. Eers dan sal hulle spore van die vlees verdwyn, en sal hulle mense van volle gees word, wie volkome soos die Here voorkom. Hulle woorde en handelinge sal soos die van die Here word, sodat hulle genade en vrygewigheid betoon aan die mense rondom hulle. Hulle sal verstaan wat God die meeste verheerlik, en dit doen.

Efesiërs 4:13 sê, "So sal ons uiteindelik almal kom tot die werklike eenheid in ons geloof en in ons kennis van die Seun van God. Dan sal ons, sy kerk, soos 'n volgroeide mens wees, so volmaak en volwasse soos Christus." Vers 15 sê, "Nee, ons sal in liefde by die waarheid bly en so in alle opsigte groei na Jesus toe. Hy is immers die hoof."

Nogtans, om te groei tot die statuur van Christus se volheid, moet selfs die mens van gees ook deur beproewinge gaan. Watter soort beproewinge word vir die mens van die gees gegee, sodat hulle die vyfde geloofsvlak kan binnegaan?

By die derde vlak en laer, kan die vyandige duiwel en Satan vals beskudigings teen God se kinders, as gevolg van hulle kwaad en sondes, bring. Dus, God laat hulle onder Satan se mag toetse en beproewinge deurmaak. Vanaf die vierde vlak en hoër, laat God nie toe dat Satan vir hulle beproewinge gee nie, selfs al moet Sy kinders deur seker verfynde prosesse gaan. God verfyn hulle Homself, sodat hulle spore van die vlees verwyder kan word, sodat hulle met die perfekte vrugte gevul kan word.

Byvoorbeeld, Job het vir God gevrees en hy was 'n regverdige mens gewees. Dit beteken nie dat hy reeds alle sonde uit sy hart verwerp het nie. Hy was by die laaste stadium van die derde geloofsvlak en hy het God se wette vuriglik onderhou, so goed as wat hy dit geken het. Maar diep in sy hart het hy altyd vir God gevrees. Hy was altyd gespanne en bekommerd, dat 'n onheil of 'n ramp van God hom kan tref. Hy was bekommerd, omdat hy nie die hart van God, die Vader kon verstaan nie, en omdat hy nie die Vader se liefde volkome kon vertrou nie.

1 Johannes 4:18 sê, "Waar liefde is, is daar geen vrees nie, maar volmaakte liefde verdryf vrees, want vrees verwag straf, en wie nog vrees, het nie volmaakte liefde nie."

Deur hierdie vrese te hê, vertel dit vir ons dat hy nie volkome liefde het nie, en dat hy nie 'n geestelike hart ten uitvoer bring nie. Dus, toe Job 'n beproewing ontvang, het Satan sy aantuigings teen hom voor God gebring, en God het die beproewing toegelaat, en die verhoor het begin. Hy het groot welvaart, asook al sy kinders op een dag verloor. Hy het pynlike pitswere regoor sy liggaam gehad. Sy vrou het hom vervloek, en hom verlaat.

Eerstens blyk dit dat hy volgehou het, en sy geregtigheid voor God gehou het. Soos wat die pyn van die beproewinge toegeneem het, en dit bokant sy uithouvermoë gegaan het, het die sonde binne hom begin ontvou. Elkeen van sy sondige nature het oor sy lippe gekom. Hy het teenoor sy ouers gekla wie hom verwek het, en het die natuur wat deur God geskep is, vervloek.

Laastens het hy teenoor God in opstand gekom, deur woorde te spreek soos, "Ek het niks verkeerd gedoen nie, maar God het hierdie ramp oor my gebring. God is onregverdig." Terwyl hy na sy vriende gekyk het, het hy met kwaad in sy hart met hulle, wie met hom geargumenteer het, gepraat. In terme van sy dade, was hy baie regverdig, maar hy het verskuilde kwaad diep binne hom gehad waarvan hy onbewus was, daarom het Satan hom van hierdie kwaad beskuldig, en sulke rampspoedige situasies oor hom bring.

Natuurlik, dit is nie dat gelowiges rampe sal ervaar, slegs omdat hulle 'n kwaadwillige natuur het nie. Alhoewel hulle nie alle sondes en kwaad uit hulle harte verwerp het nie, solank hulle volgens die Woord lewe, sal hulle nie rampe hoef te trotseer nie.

Job se geval, was 'n spesiale geval. Hy het nie sonde deur dade gepleeg nie, en hy het baie goeie dade verrig, terwyl hy op God vertrou het. Dus het God net Satan se aantuiging verwerp en kwytgeskeld. Maar God het die aantuigings van Satan toegelaat om plaas te vind, omdat Hy wou gehad het dat Job sy sondigheid moes besef, sodat hy meer volmaak kon word. Nadat Job sy sonde deur hierdie beproewing besef het, het innig bely en die sonde uit die diepte van sy hart verwerp. Aan die einde het God vir hom dubbeld die seëninge gegee, wat hy voorheen gehad het.

Die verskil tussen die derde en die vierde geloofsvlak se beproewinge.

Job was by die derde geloofsvlak en hy het sy beproewing

ondergaan, terwyl hy onder Satan se mag was. Dit verskil van die beproewinge vir hulle wie by die vierde vlak is, omdat dit deur God Homself beheer word. Die mag van die vyandige duiwel en Satan is die mag van duisternis, dus kan hulle daardie mag slegs op mense gebruik, wanneer mense sondig en kwaadwillig is. Satan kan nie enige rampe of siektes bring oor die mense van die gees by die vierde vlak nie, omdat hulle nie sonde en kwaad in hulle het nie. Somtyds wil die beproewinge vir hulle by die derde en vierde vlakke dieselfde lyk, maar die verrigtinge en resultate het baie duidelike verskille.

Byvoorbeeld, in Josef se geval was God altyd by hom selfs gedurende sy beproewinge, en die mense naby hom kon dit aanvoel. God het hom met Sy skitter oë beskerm, en sy hart verander. Op daardie selfde stadium, het God hom toegelaat om die bekwaamhede te verkry, sodat hy die eerste minister van Egipte kon word.

Hy was as 'n slaaf verkoop, maar hy het die vertroue van sy meester verkry, sodat hy die beheer oor sy meester se totale huishouding uitgeoefen het. Hy was foutiewelik aangekla en in die gevangenis gesit, maar ook daar het hy die kennis en bekwaamheid verkry om die hele land te regeer, deur die interaksies wat hy met baie soorte politieke gevangenes gehad het.

God het daardie beproewinge in Josef se lewe toegelaat, om

sy houer te vergroot. Dit was nie omdat Josef kleingelowig of sondes gepleeg het nie. Die vyandige duiwel en Satan kon nie enige siekte of ramp oor hom bring nie.

Om die verskil tussen die derde en vierde vlak makliker en beter te verstaan, laat ons aan die voorbeeld van Dawid dink. Voordat Dawid geestelik geword het, het hy 'n sonde gepleeg. Om sy fout te verdoesel, het hy 'n man van God, genaamd Uria, deur die nie-Jode laat vermoor. As gevolg hiervan, het die vyand, Satan, 'n beskuldiging teen Dawid ingebring, wat later groot beproewinge tot gevolg gehad het.

Sy seun, gebore uit Batseba, het gesterf. Sy ander seun, Absalom, het sodanig teen hom gerebelleer, dat hy gedwing was om te vlug vir sy lewe, en hy was aanhoudend gedreig. Natuurlik, Dawid het reeds sy sonde bely toe die profeet hom berispe het, maar vir die sonde wat hy gepleeg het, moes hy deur toetse en beproewinge gaan, as gevolg van Satan se beskuldiging teen hom.

Deur hierdie beproewinge kon Dawid hom selfs meer nederig maak, om meer hartlik voor God te word. Na die verloop van 'n lang tyd het God 'n ander beproewing vir Dawid, wie geestelik geword het, toegelaat. Dawid het 'n drang in sy hart gehad, en het 'n sensus laat uitvoer. Die doel van die sensus was, om vas te stel hoeveel soldate daar was om in oorloë te veg. Daar was op mense gesteun, en nie op God nie, om die sensus uit te voer. Hy moes op God alleen vertrou het, maar hy het die sensus laat voortgaan, sonder dat God hom so beveel het.

Nadat Dawid sy fout besef het, het hy dit onmiddellik bely, maar dit het vir hom 'n groot beproewing tot gevolg gehad. Die hele Israel was deur 'n plaag getref, en 70,000 mense het in 'n kort periode gesterf. Sommige mense kon gedink het, dat God hulle as gevolg van Dawid se verwaandheid alleen, gestaf het. Inderwaarheid, was dit iets wat die koning enige tyd kon doen, en Dawid het geen kwade gedagtes gehad, met die uitroep van 'n sensus nie. Dus, is dit nie iets waaroor ons Dawid voor kan veroordeel nie. In die beskouing van die volmaakte God, kon Hy sê, "Jy het nie volkom op My vertrou nie, en jy is verwaand."

Dit is die 'spoor van die vlees', wat kan agterbly, selfs nadat iemand heilig geword het. Dus, God het hierdie beproewing vir Dawid toegelaat, sodat hy selfs die spoor van die vlees kon verwyder, om hom volmaak te laat word. Die oorspronklike rede waarom plae oor die mense kom, was omdat hulle toorn by God opwek, omdat hulle sondes pleeg.

Die gedeelte wat hierdie insident saamvat is, 2 Samuel 24:1 wat sê, "Op 'n keer was die Here vertoorn op Israel. Hy het Dawid teen hulle aangehits en gesê: 'Gaan tel die Israeliete en die Judeërs.'" Dit het eerste gemeld dat God toornig teenoor Israel gewees het.

Dawid moes so baie treur, terwyl hy baie mense sien sterf het, gedeeltelik as gevolg van sy handelinge, sodat hy sy tekortkominge deeglik besef het, en wegbeweeg het. Op hierdie wyse het God vir Dawid verfyn, terwyl Hy die mense terselfdertyd vir hulle sondes gestraf het. Dit is ook nie dat hulle wie gered kon word, gestraf is nie. Slegs hulle wie nie volgens God reg was nie, was deur die plae gestraf.

Dus, alhoewel Dawid deur 'n beproewing gegaan het, was dit nie dat Satan onheil en teenspoed oor hom gebring het nie. Verder, na die insident het God Dawid se opoffering aanvaar, en die plae in Israel gestop. Hy het gewys dat Hy steeds vir Dawid versterk, en was met hom. Eweneens, die beproewinge vir mense van die gees sal nie in Satan se hande gelaat word nie, maar God Homself bestuur en werk daaraan.

Natuurlik, Satan is altyd soos 'n brullende leeu opsoek daarna, om 'n basis te vind om mense van die gees, wie reeds heilig is, te beskuldig. Dus, somtyds sal Satan sondige mense opstook, om ontberings oor geestelike mense te bring. Dit mag voorkom dat geestelike mense op daardie wyse rampe beleef. Indien jy na die resultate kyk, kan jy maklik sien dat die beproewinge deur God toegelaat is, en dat God Homself dit beheer. Laastens, God werk ten goede met alles, en hulle sal sekerlik later seëninge ontvang.

Ooreenkomstig die soort dinge waarmee ons, ons harte mee vul, kan ons of vinnig 'n geestelike hart ontwikkel, of ons kan dit stadiger doen. Daarom, moet ons terugkyk na ons eie woorde en handelinge, en dink hoe ons 'n hart soos God s'n kan ontwikkel, en ook hoe Jesus in dieselfde situasie sou opgetree het. Soos wat ons onsself op hierdie wyse verander, met 'n brandende begeerte na die waarheid, kan ons 'n pragtige vrug van volkome gees word.

Hoofstuk 9

Vyfde Vlak van Geloof

1. Goddelike-verheerlikings geloof
2. Karaktertrekke van die vyfde geloofsvlak
3. Binnegaan van die uitgestrekte geestelike koninkryk

"Geliefdes, as ons gewete ons nie veroordeel nie, het ons vrymoedigheid om na God te gaan; en wat ons vra, kry ons van Hom omdat ons sy gebooie gehoorsaam en doen wat hy goedvind"
(1 Johannes 3:21-22).

Soos wat ons geloofsvlak verhoog, sal ons meer en meer seëninge ontvang, soos in die Bybel opgeteken is. By diee vierde geloofsvlak het jy God eerstens lief, tot die uiterste. Jy kan alles van jou vir God gee. Ook omdat jy God liefhet, sal jy sy gebooie volkome onderhou en Hom gehoorsaam wees, selfs al sal jy met vervolgings en marteling slaags raak.

Soos Spreuke 8:17 sê, "Ek het dié lief wat my liefhet; dié wat my soek, vind my." Wanneer jy God tot die uiterste toe liefhet, sal God jou ook tot die uiterste toe liefhet, en Hy sal vir jou die bewys gee, dat Hy met jou is.

1. Goddelike-verheerlikings geloof

Nou, nadat jy verby die vierde vlak is en die vyfde geloofsvlak bereik, sal die grootte van die liefde verskil. Jy sal nie net die gebooie liefhê en gehoorsaam nie, maar jy sal nou begin om God se hart te verstaan, en daardeur God verheerlik. Dit is waarom ons sê dat die vyfde geloofsvlak, is die geloofsvlak om God te verheerlik.

Watter soort geloof is die geloof wat God verheerlik?

Die meeste ouers en kinders sê dat hulle mekaar liefhet, maar daar is nie baie kinders wat hulle ouers 100% gehoorsaam nie. Hulle gehoorsaam wel sekere woorde van hul ouers, terwyl hulle sekere ander dinge nie gehoorsaam nie. Somtyds, sal hulle nie net ongehoorsaam wees nie, maar hulle sal teen die ouers rebelleer of net afdwaal. Daar is weer ander kinders wie gehoorsaam aan hulle ouers is, alhoewel hulle nie regtig gewillig is nie, omdat hulle voel dat dit die kinders se plig is om dit te doen.

Daardie kinders wie meer goedheid het, sal hulle ouers gehoorsaam wees, om te verhoed dat hulle hul ouers se harte breek. Hulle gehoorsaam alles, sodat hulle hul ouers gemak laat verduur.

Indien die liefde van die kinders selfs groter as dit is, verstaan hulle die ouers se bedoeling wanneer die ouers vir hulle iets vertel, sodat hulle meer sal verrig, as wat hulle ouers oorspronklik verwag het. Ook, selfs al het die ouers dit nie gemeld nie, doen hulle die dinge soos wat hulle ouers dit die meeste verkies.

Natuurlik is ouers vir al hulle kinders lief. Maar tussen die kinders, indien een seun sy ouers innig liefhet en gehoorsaam is, en uit sy hart hom aan hulle onderwerp, sal sy ouers hom meer innig liefhê. Verdermeer, indien hy die goeie dinge van sy ouers najaag, die dieper dinge in sy hart verstaan, en alles doen op dieselfde wyse wat sy ouers dit verkies, hoe trots sal sy ouers nie op hom wees nie?

Dit is baie dieselfde met God. Indien enige kind die gebooie in die Bybel, wat vir ons sê om te doen en nie te doen nie, gehoorsaam of sekere dinge verwerp, sal God daardie kind tot die uiterste liefhet. Verdermeer, indien hy nie net die gebooie gehoorsaam nie, maar ook God se hart en wil verstaan, en die dinge doen op die wyse wat God verkies, hoe gelukkig sal God nie met hierdie kind wees nie?

Diegene wie by die vyfde geloofsvlak is, wys nie hulle dade net vir 'n oomblik, of hulle liefde vir God af en toe nie. Hulle lewe elke sekonde van hulle lewens, 24 uur 'n dag, net om God te verheerlik en om die siele te dien, sonder om hul eie begeertes te bevredig. Daardie soort lewe sal nie eers na 10 of 'n 100 jaar verander nie. Dit is die vyfde geloofsvlak. In plaas daarvan dat daardie liefde sal verander, sal dit eerder groter word.

Indien jy jou ouers liefhet en hulle met jou hele hart geloofwaardig dien, voordat jy die Here aangeneem het, sal jy dieselfde doen wanneer jy God in die geloof dien. Ons ouers het slegs aan ons liggame geboorte geskenk, en jy dien steeds jou ouers met jou hele hart. Ons God is die Vader van ons gees, wie aan ons gees geboorte geskenk het. Veral, as jy besef dat God, Sy enigste Seun vir jou gegee het toe jy nog 'n sondaar was, hoe kan jy dan nie vir God liefhê nie?

Vleeslike liefde is nooit perfek nie, ongeag hoe groot dit is. In 'n uiterste situasie mag dit verander. Nie net is die liefde tussen ouers en kinders, maar ook die liefde tussen broers en susters, man en vrou en vriende baie dieselfde. Ek was gebore as die jongste van ses kinders, en baie deur my ouers geliefd. Ek was ook baie lief vir my ouers gewees, en ek het hard probeer om hulle gelukkig te maak. Ek het gedink dat ek baie liefde met my ouers gedeel het, meer as ander ouers en kinders, maar wanneer hulle 'n moeilike situasie moes trotseer, het selfs daardie liefde verander.

Terwyl ek op my siekbed gelê het, voordat ek in God geglo het, kon ek nie my verpligtinge as eggenoot en vader nakom nie. Ek was 'n las vir my gesin en familielede, omdat ek so baie geld aan my medikasie moes spandeer. Ek kon ook nie my pligte, as seun teenoor my ouers vervul nie. Die siektes het al hoe erger geword, en dit het geblyk dat daar geen hoop op herstel was nie. Dan, my vriende, familielede en almal wie vir my lief was, het hul rûe op my gedraai.

My ouers het ook hul beste probeer om my siekte te genees, maar later het hulle ook die handdoek ingegooi, en dit laat vaar. My moeder het na my toe gekom, terwyl ek op my siekbed gelê het. Terwyl sy gehuil het, het sy vir my gesê, "Dit is jou plig as my seun om nou te sterf," ek het toe deeglik besef wat vleeslike liefde behels.

Die liefde van God was verskillend. Ek het niks gehad om vir Hom te gee nie, maar Hy het my onvoorwaardelik liefgehad. Hy het eerste na my toe gekom, en al my siektes genees. Daarna het Sy liefde nooit verander nie. Ongeag die situasie, Hy antwoord my altyd wanneer ek Hom aanroep; Hy gee vir my net goeie dinge en Hy ontmoet my wanneer ek Hom soek.

Ek was vir my ouers met my hele hart lief, en sedert ek God die Vader ontmoet het, hoe was ek vir Hom lief? Vanselfsprekend was ek vir Hom met my hele hart, verstand, siel, krag en wysheid en my lewe lief. Ek het ywerig na die Woord van God geluister en geleer, om God in alle opsigte te verheerlik. Ek het my beste gedoen om Sy Woord te gehoorsaam. Dus, spoedig nadat ek die Here aangeneem het, kon ek baie vinnig na die vierde en vyfde geloofsvlak beweeg.

2. Karaktertrekke van die vyfde geloofsvlak

Die liefde wat jy met God deel nadat jy by die vyfde geloofsvlak gekom het, kan nie voldoende deur woorde uitgedruk word nie. Omdat jy 'n klomp geestelike en matriële seëninge ontvang het, is jy gelukkig. Die gelukkigste ding is dat jy altyd in staat is om met God te kommunikeer, en innige liefde met Hom te deel. Wanneer die wêreldse mense 'n baie gelukkige oomblik belewe, wens hulle dat dit vir ewig sal aanhou. Die vreugde en emosie van hierdie wêreld sal spoedig verdwyn, ongeag hoe goed dit is. Vir hulle wie volkome geestelik geword het, hul harte is altyd gevul met baie meer vreugde en geluk, as wat enige vreugde en geluk in hierdie wêreld hulle beskore is.

Wanneer hulle alleen loop en ander mense ontmoet, of wanneer hulle iets sien of hoor, word hulle harte met die Vader se liefde gevul, en hulle voel in alles die Vader se liefde. Ook, God sal vir hulle so baie lief wees, dat net hulle bestaan vir Hom sal vreugde verskaf. Hetsy jy slaap of wakker is, jy sit of staan, jy praat of wat jy ookal doen alles sal in God se oë lieflik wees, en sal Sy vreugde wees. Al jou gedagtes en dade sal in God se oë aangenaam wees, dus alles van jou sal God se vreugde wees. Die rede waarom God die mens geskep het, is om hierdie soort kind te verkry.

In staat wees om jou lewe te offer in gehoorsaamheid teenoor God se wil

Die vyfde geloofsvlak is die vlak om God te verheerlik. Jy gaan verby die vlak om God net lief te hê, tot die uiterste, en dan verstaan jy God se diep hart en sy wil, en handel daarvolgens. Selfs al sou God jou beveel om iets te doen, wat menslik gesproke onmoontlik blyk te wees, indien dit God se wil is, sal jy net Ja en Amen en dit gehoorsaam, al moet jy jou lewe daarvoor opoffer. Natuurlik, indien jy by die vierde geloofsvlak is, kan jy jou lewe vir God opoffer, maar jy verstaan nog nie God se hart so innig, soos hulle by die vyfde geloofsvlak nie.

Laat ons die situasie beredeneer, waar 'n moeder haar kinders sê om die 'huis skoon te maak' wanneer sy die oggend werk toe gaan. Veskillende kinders sal verskillende reaksies hê. Sommige kinders wil graag na buite gaan om te speel, dus sal hulle die huis teensinnig skoonmaak. Ander sal weer die huis met vreugde in hulle harte skoonmaak, omdat hulle hul liewe moeder kan help.

Daardie kinders wie selfs meer goedheid het, sal probeer om die situasie te oorweeg, vanuit die moeder se standpunt deur te dink, "Sy sal moeg wees, wanneer sy van die werk terugkom. Wat meer kan ek vir haar doen?" Daarom, sal hulle nie alleenlik die huis skoonmaak nie, maar sommer nog ekstra take verrig. Wanneer die ouers na hierdie soort kind kyk, sal hulle nie net hierdie kinders liefhet nie, maar ook danbaar wees vir hulle kinders wie so prysenswaardig is, en oor hulle juig.

Dit is dieselfde met God se verhouding. By die vierde geloofsvlak, omdat jy nie sonde in jou hart het nie en God so baie liefhet, sal jy alles gehoorsaam wat God jou beveel om te doen. Maar jou hart is nie volwasse genoeg, om die diepliggende hart van die Vader te verstaan, en Hom te gehoorsaam nie. Inteendeel, by die vyfde vlak, sal jy nie net gehoorsaam wees nie, maar jy sal die hart en wil van God verstaan, aangaande waarom Hy so iets beveel, sodat jy meer gehoorsaam kan wees as wat God verwag.

Jesus is die sondelose Seun van God, en dit was nie nodig dat Hy aan die kruis gehang het nie. Hy het egter stilweg gewilliglik die wil van God gehoorsaam, en was gekruisig. Hier was Jesus nie net onvoorwaardelik gehoorsaam, as gevolg van Sy innige liefde vir God nie.

Jesus het nie net deur die handeling gehoorsaam gewees nie, maar Hy verstaan die innige hart en wil van God die Vader en het God gehoorsaam, omdat Hy die hart van God die Vader het. Omdat Hy die liefde van die Vader vir die sterwende siele kon voel, het Jesus dieselfde liefde van die Vader en vervul God se wil, met Sy hele lewe.

Selfs met die baie pyn wat Hy aan die kruis moes deurmaak, het Jesus nie aan Sy eie situasie gedink deur te sê, "Dit is so moeilik." Hy het medelye gehad met die siele wie op die doodsweg was, en Hy het eerder gebid vir hulle wie Hom gekruisig het.

Jesus het ook aan die Vader se hart gedink, wat gebroke was, omdat Hy so baie ontberings moes deurmaak. Dit is waarom Jesus so baie opgeoffer het vir die talryke siele wie gered sou word, en die glorie wat die Vader sou ontvang, totdat Hy Sy laaste asem aan die kruis uitgeblaas het. Hoe aangedaan en bewoë, moes God se hart nie gewees het, toe Hy vir Jesus gesien het nie!

Filippense 2:9-11 sê, "Daarom het God Hom ook tot die hoogste eer verhef en Hom die naam gegee wat bo elke naam is, sodat in die Naam van Jesus elkeen wat in die hemel en op die aarde en onder die aarde is, die knie sou buig, en elke tong sou erken: 'Jesus Christus is Here!' tot eer van God die Vader."

God die Vader wil hê dat jy en ek Sy hart moet verstaan, en volkome gehoorsaam wees. Om hierdie soort gehoorsaamheid te hê, kan ons dit nie net doen omdat ons die begeerte daartoe het nie. Soos geskrywe in Filippense 2:5, "Dieselfde gesindheid moet in julle wees wat daar ook in Christus Jesus was." Slegs nadat ons Jesus se liefde en goedheid het, kan ons volkome soos Jesus gehoorsaam wees.

Om volkome met die vrugte van die Gees gevul te wees

Die vyfde geloofsvlak is die staat waar 'n skoon houer, oorvloediglik met perfekte vrugte van die gees gevul word. By die vierde geloofsvlak het jy die sondes en kwaad verwerp, en 'n skoon houer bekom, so jy kan die woord van God die Vader gehoorsaam. Jy kan egter net ten volle God se hart verstaan, tot die mate wat jy geestelike vrugte in jou dra.

Laat ons veronderstel daar is 'n mens van gees wie amper 100% van die vrug 'getrouheid', maar slegs 40% van die vrug 'selfbeheersing' dra. Dus, wanneer God hom iets beveel, kan hy God se hart verbly, deur so ywerig te werk, en meer doen as wat hy veronderstel is om te doen. Maar hy kan slegs ongeveer 40%

van God se hart verstaan, ten opsigte van selfbeheersing, omdat 40% is wat hy begaafd is ten opsigte van selfbeheersing.

Tot so 'n mate dat hy nie vir God baie kan behaag nie. Daarom, slegs wanneer jy die vyfde geloofsvlak bereik, en die geestelike vrugte 100% dra, kan jy die Vader se diepsinnige hart verstaan, herken en gehoorsaam, op 'n wyse wat perfek is.

Om die verskil te verstaan om geestelike vrugte te dra, sal die rypwordproses van 'n tros druiwe dit vergemaklik. Eerstens, by die plek waar die druiweblom afval, sal 'n klein korreltjie vorm, wat vir ons aantoon dat daar 'n vrug gevorm gaan word. Dit is met die derde geloofsvlak vergelykbaar.

Tot die mate wat die gelowiges die sondes uit hul harte verwerp, het hulle die beginteken om die vrugte van die Heilige Gees te dra, alhoewel dit nog klein is. Dan, soos wat die somer vorder, sal die druiwekorrel groter word, totdat dit 'n donkerpers kleur kry.

Al is daar 100 druiwekorrels, sal die 100 korrels nie op dieselfde tyd ryp word nie, omdat die grootte en kleur daarvan nie heeltemal dieselfde is nie. Die druiwe, selfs van dieselfde tros, het 'n verskillende groeispoed, rypword periodes, as gevolg van die vrugte se grootte.

Daar is sommige vrugte wat 'n groener kleur as ander het,

terwyl daar ander vrugte is wat 'n donkerpers kleur het. Eweneens, alhoewel ons dieselfde vrugte van die Heilige Gees dra, is sommige vrugte ryper as die ander. Hierdie is die vierde geloofsvlak. Heelwaarskynlik, is die vrug van liefde goed ontwikkel, terwyl die vrug van selfbeheersing 'n bietjie swak is, of die vrug van geloofwaardigheid is groter, of die vrug van sagsinnigheid is kleiner.

Soos wat die tyd verbygaan, oorkom hulle storms en ontvang meer sonskyn, sodat elke druiwekorrel ryper word. Dan, sal die tros gevul wees met lifelike ryp pers vrugte. Op dieselfde wyse, indien die vrugte van die Heilige Gees 100% gedra het, sal jy uiteindelik die vyfde geloofsvlak binnegaan. Sulke mense sal perfekte harmonie in alle aspekte hê.

Jy het 'n brandende begeerte vir die Here, maar jy het altyd die vermoë om jouself te beheer, om op die paslikste tyd, op te tree of te stop. Jy sal vriendelik en sagmoedig soos katoen wees, maar jy kan ook sterk en waardig met gesag optree. Jy hou daarvan om die voordeel vir ander te probeer soek, en sal selfs jou lewe daarvoor gee, maar jy is slegs aan God se regverdigheid gehoorsaam.

Jy gebruik nie enige van die menslike gedagtes nie, maar jy hoor die stem van die Heilige Gees 100% en gebruik die riglyne. Jy neem duidelik God se wil waar, en gehoorsaam Sy wil. In alle aspekte is daar 'n ooreenkoms met God die Vader se hart.

Hierdie mense is ware kinders van God, wie die volle maat van Christus bereik het.

Peil die innige hart van God soos Abram

Laat ons kyk na die verskille tussen die vierde en vyfde geloofsvlak, deur Abram as voorbeeld te gebruik. Selfs vandat God vir hom vir die eerste keer geroep het, was Abram net gehoorsaam deur te 'Ja' en 'Amen'. Toe God hom beveel het om weg te gaan vanaf sy land na die land wat God hom sou wys, het Abram onvoorwaardelik gegaan, sonder om te weet waar sy nuwe bestemming sou wees.

Abram het God vertrou, en het die geloof gehad, om Hom uit sy hart te gehoorsaam. Dit beteken nie dat hy God se hart volkome verstaan het nie. Nadat hy sy land verlaat het en deur die verfynings periode gegaan het, het hy 'n hegter intieme innige samesyn met God begin hê, en daardeur het hy die hart en wil van God meer duidelik begin verstaan. Daarom, selfs wanneer hy 'n groot toets moes deurgaan, wat vir 'n mens baie moeilik was om te oorkom, het hy God met perfekte dade van geloof verheerlik.

Die toets was om sy enigste seun, Isak, as 'n brandoffer voor God te offer. Hierdie bevel kon nie gehoorsaam word, indien hy enige vleeslike gedagtes gebruik het nie. Abram het vir baie jare nie 'n kind by Sarah gehad nie, maar op die ouderdom van 100 jaar het hy die seun, Isak, by haar gehad. Nou moes hy sy seun in stukke soos 'n dier sny, en hom verbrand.

Bowendien, Isak was die produk van God se belofte. Hier, selfs al het jy 'n mate van geloof, sou die meeste van julle gedink het, "Ek kan nie my seun met my eie hande doodmaak nie." Ook, sou jy dalk getwyfel het deur te dink, "God het my belowe dat my afstammelinge deur Isak sal kom, maar waarom vertel Hy my om hom nou dood te maak?"

Nadat Abram hierdie toets maklik geslaag het, het hy na die vyfde geloofsvlak gegaan. Hy was net gehoorsaam oor wat God gesê het, sonder om sy eie gedagtes te gebruik. Hy het geen verskonings gemaak nie. Hy het nie getwyfel oor God se belofte, dat hy afstammelinge deur Isak sal verkry, so baie as die sterre in die hemelruim nie. Indien ons God vertrou, sal ons Hom onvoorwaardelik gehoorsaam wees.

Abram was gehoorsaam, nie net omdat hy vir God lief was nie, maar ook omdat hy God se innige hart verstaan het. Hy het in gehoorsaamheid die feit verstaan dat, indien hy Isak as 'n brandoffer gegee het, sou God hom weer opgewek het, en Sy voorsienigheid vervul het.

Sedert die oomblik wat Abram vir sy geloof erkenning gekry het, was God baie gelukkig met hom en het God hom selfs Sy 'vriend' genoem. Omdat Abram God se innige hart kon verstaan en sy lewe kon gee, om God se Woord te gehoorsaam, het hy die vader van die geloof geword, en was "n vriend van God' genoem.

' n Ware vriend is iemand met wie jy jou hart kon deel. Hulle het nie geheime nie, en hulle is verheug om by mekaar te wees. Indien ons as 'n vriend van God erken kan word, sal Hy ons soos een behandel. Hy sal vir jou gee, ongeag wat jy deur gebed vra, en Hy sal vir jou seëninge gee, waar jy ookal is.

Uitvoerings met tekens en wonders deur berging van ontelbare gebede

Die tweede karaktertrek van die vyfde geloofsvlak is dat iemand tekens en wonders ten uitvoer kan bring, deur 'n groot aantal gebede te kan versamel. Gebed is die asem van die gees, en enigiemand wie die Here aangeneem het, moet bid.

By die eerste en tweede geloofsvlakke bid jy hoofsaaklik vir jouself. Jy vra gewoonlik vir seëninge by jou werkplek, jou familie, vir jou finansies, en somtyds vir jou siektetoestande en dinge waarvoor jy baie lank nie kon bid nie. Soos wat jou geloof groei, sal jy vir die koninkryk en God se geregtigheid bid, en die lengte van jou gebede sal langer word.

Indien jy by die vyfde geloofsvlak is, hoef jy nie meer te bid om heilig te word nie, omdat jy reeds jou sondes en kwaad uit jou hart verwerp het. Verdermeer, wanneer jy die vyfde geloofsvlak binnegaan, sal God jou hart se begeertes beantwoord, selfs voordat jy daarvoor vra, ongeag of dit finansies, gesondheid of enigiets anders is. Dus, jy hoef nie te bid vir jou persoonlike behoeftes nie, maar eerder om meer siele te red en om God se koninkryk te vergroot.

Jy kom niks kort nie, omdat jy God se seëninge ontvang het. Omdat jy God so liefhet en jy 'n brandende hart het vir die sterwende siele, sal jy nie jou eie goedheid en voordeel probeer bewerkstellig nie, maar jouself aan die siele toewy en vir hulle bid.

Noudat jy vir die koninkryk van God bid, voel jy tot 'n sekere mate dat jy moet geestelike krag ontvang. 1 Korintiërs 4:20 sê, "Die koninkryk van God is immers nie 'n saak van praatjies nie, maar van krag."

Om die koninkryk van God ten uitvoer te bring, is 'n geestelike stryd teen die duiwelse geeste wat probeer om die siele op die doodsweg te neem. Hierdie stryd kan nie met die mens se wysheid, ervaring of krag gewen word nie, maar alleenlik met God se krag.

Johannes 4:48 sê, "Jesus sê toe vir hom: 'As julle nie tekens en wonders sien nie, glo julle eenvoudig nie.'" Hier 'tekens' is die openbaar making van God se krag, wat verby die beperkinge van die mens gaan.

Ons lees in die Bybel van baie tekens soos die opwekking van mense wat gesterf het, die genesing van gebrekke en siektetoestande deur God se krag. 'n 'Wonder' is om die weersomstandighede te verander. Byvoorbeeld, deur gebed kan jy wonderwerke soos reën of hael, die stop van 'n storm, en selfs die son of maan te laat stilstaan, ten uitvoer bring.

Wanneer mense hierdie tekens en wonders aanskou, en die bewyse van die lewende God ervaar, verander dit die gemoed van die ongelowiges en hulle neem die Here aan. Dit is waarom, indien jy die vierde en vyfde geloofsvlak bereik, bid jy meer om groter krag van God te ontvang.

Eerstens moet jy 'n heilige hart hê, en met die heilige hart as basis, moet jy 'n groot aantal gebede versamel, deur die Heilige Gees se inspirasie, wat God sal verheerlik. By die eerste en tweede geloofsvlak wanneer jy nie heilig is nie, is die geur van jou gebed baie swak, al sou jy hoe hard probeer. Maar wanneer jy by die vyfde geloofsvlak bid, sal jou gebed van die begin af met 'n dik en pragtige geur aangebied word.

Ook, omdat jy met die hart van God bid, het jy oorvloeiende goedheid en geloofwaardigheid in jou gebed. Die inhoud van jou gebed sal die geur van verheerliking vir God hê, en dit sal 'die troon van God skud'. Wanneer jy hierdie soort gebede met inspirasie dag na dag opgaar, sal jy uiteindelik God se krag ontvang.

Krag, Mag en Gesaghebbende Krag

Selfs al is iemand nie heilig nie, indien hy vir God en die siele baie lief is, en vurige gebede opgaar, mag hy die gawes van die Heilige Gees ontvang, soos die gawe om genesingswerke uit te voer of om wonderwerke te doen. Ook, selfs al het iemand nie die gawe van die Heilige Gees ontvang nie, maar wanneer hy ernstig met liefde vir iemand bid, mag God medelye daarmee hê en sy gebed beantwoord.

Byvoorbeeld, alhoewel 'n pastoor nie God se krag het nie, somtyds sal 'n lidmaat ernstig versoek dat die pastoor vir hom moet bid. God kyk na sy suiwer hart en geloof, en sal vir hom help. Hierdie gevalle verskil egter van die bekendmaking van tekens en wonderwerke, met die volle krag wat van God ontvang is.

Jy kan tot 'n sekere mate God se krag ontvang, wanneer jy by die vierde vlak kom en 'n groot hoeveelheid gebede opgegaar het, maar eers wanneer jy by die vyfde geloofsvlak kom, kan jy God se krag ten volle ontvang. Indien jy God se krag ten volle ontvang het, wanneer jy by die vyfde geloofsvlak is, sal jy in staat wees om tekens en wonderwerke te laat plaasvind. Jy sal nie alleenlik siektes genees nie, maar ook gebreke, soos ongeskikthede.

Dus, die Bybel maak onderskeid van God se krag, vanaf die

gawe van genesing af. Die gawe van genesing kan siektes, veroorsaak deur kieme en virusse genees, maar kan nie gebrekke soos geestelike en fisiese gebrekke genees nie. Dit kan ook nie bose geeste uitdrywe nie. Jy kan gebrekke slegs met God se krag genees. In die Bybel, tesame met die woord 'krag' is daar mag, ook. Saam mag dit voorkom of dit dieselfde betekenis het, maar dit is verskillend.

Eerstens, krag is iets wat die mens nie kan doen nie, maar God kan dit met Sy krag doen. Daar is so baie dinge onmoontlik deur die menslike vermoë, maar niks is met God se krag onmoontlik nie (Markus 10:27). Met hierdie krag kan ons siektes en gebreke genees, en selfs dooies opwek en bose geeste uitdrywe.

Indien jy die gawe van genesing het, kan jy siektes wat deur kieme en virusse veroorsaak is genees, maar jy kan nie dinge soos blindheid, stomheid of lamheid slegs met die gawe van genesig genees nie. Jy moet krag hê. Selfs voordat jy volkome die kwaad verwerp het, indien jy hartstogtelike liefde vir God en die siele gehad het, en 'n groot hoeveelheid gebede gestoor het, kon jy sekere krag as 'n gawe van die Heilige Gees ontvang het, maar dit sou nogtans onvoldoende wees. God se werke sou slegs gedeeltelik plaasgevind het. Ook, indien die een wie die krag ontvang het, arrogant begin raak en sy houding verander, sal daardie gawe weggeneem word.

Maar indien jy by die vierde geloofsvlak kom, en die krag ontvang, is dit verskillend. Jy kan die krag ontvang, soos wat jy 'n klomp vurige gebede opgaar, om die siele te red, en vir die koninkryk van God te werk. Omdat jy reeds heilig is, sal jy nie arrogant wees, of jou gemoed verander nie. Daarom, die krag wat gegee was, sal nie weggeneem word nie, en soos jy meer gebede stoor en meer aan God gelyk word, sal God vir jou geestelike mag gee, sodat jy Sy krag tot die volle omvang kan uitvoer.

Geestelik mag is 'die verhewe en heerlike krag saamgestel deur God en die bevel van God van bo, as God se oorspronklike bevele.' Dit is die heerlike krag wat aan God die Skepper behoort, en aan die mens toegelaat word. Romeine 13:1 sê, "Elke mens moet hom onderwerp aan die owerhede wat oor hom gestel is. Daar is immers geen gesag wat nie van God kom nie, en die owerhede wat daar is, is daar deur die beskikking van God."

Toe Pilatus vir Jesus ondervra het, het Jesus gesê, "Jy sal geen mag oor My hê nie, behalwe as dit vir jou van bo gegee is (d.i. van God)." Slegs God is die een wie alles in die hemel en op die aarde beheer, soos lewe, dood, geluk en ongeluk. Indien God dit nie toelaat nie, sal nie 'n enkele spreeu op die grond val nie. Indien jy hierdie feit onthou, sal jy gedurend toetse nie op menslike metodes staatmaak nie, maar probeer om die oplossing by God te kry.

Hierdie mag het 'n direkte verwantskap met heiligmaking. Geestelike mag kan nooit gegee word, tensy die persoon nie heilig is nie. Indien jy 'n skerp swaard aan 'n baba gee, kan hy homself en ander mense ernstig beseer. Geestelike mag kan slegs aan hulle wie minstens by die vierde geloofsvlak is, gegee word. Hulle moet nie enige kwaad hê nie, maar deug en vrygewigheid, om selfs hul eie lewens vir hulle broers op te offer.

Indien jy die krag saam met geestelike mag ontvang, sal jy in staat wees om met hierdie 'gesaghebbende krag' op te tree. Nogtans, oor die algemeen verwys ons na gesaghebbende krag net as, 'krag'. Lukas 4:36 sê, "Almal was baie verbaas, en hulle raak aan die praat en vra vir mekaar: 'Wat vir 'n woord is dit dat hy met gesag en mag die bose geeste gebied, en hulle gaan uit.'" Die werke wat Jesus uitgevoer het, was nie net werke deur krag nie, maar dit was ten uitvoer gebring tesame met mag.

Alhoewel iemand dalk nog nie die vyfde geloofsvlak bereik het nie, kan werke van mag en krag somtyds plaasvind. Byvoorbeeld, dit was toe Jesus Sy hande op Sy dissipels gelê het, om Sy krag uit te voer. Teen daardie tyd was Jesus se krag oomblik aan Sy dissipels verleen, deur die wil van Jesus, dus kon kragtige werke plaasvind.

Wanneer ons van die 'krag' oor die algemeen praat, sluit dit alle geestelike werke soos, die uitdrywe van bose geeste, genesing van gebreke en die opwekking van die dooies in. Maar meer spesifiek, net die krag, gesaghebbende krag, en krag tesame met mag, is verskillend.

Wat is dan die verskil tussen net 'krag' en 'gesaghebbende krag'?

Byvoorbeeld, tussen ouers en kinders, selfs al is die seun baie intelligent en het groot potensiaal, is hy nog steeds veronderstel om sy vader te gehoorsaam. Hy moet ook hom aan sy vader se mag onderwerp. Ook, in die ou dae, moes sommige offisiere 'n boodskapper van die koning gehoorsaam, wanneer 'n boodskapper 'n boodskap van die koning kom aflewer het. Alhoewel die offisier 'n hoër rang as die boodskapper beklee het, moes die offisier die boodskapper gehoorsaam, omdat die boodskapper die koning se boodskap gedra het.

Dan, indien God, die Almagtige, Sy geestelike krag aan iemand gegee het, sal alle skepsels en selfs duiwelse geeste hom moet gehoorsaam.

Omdat geestelike mag aan God behoort, indien jy krag tesame met Sy mag het, sal bose geeste, siektes, kieme en selfs nielewende organismes jou gehoorsaam. Op baie dieselfde wyse as Jesus, sal jy selfs die krag en mag hê om die wind en die golwe, of die reën en die wolke te beveel. Jy het dan die krag om die weer en die natuurverskynsels te verander.

Slegs hulle wie heilig is en geloof soos suiwer goud het, kan hierdie soort gesaghebbende krag ontvang, en selfs by dieselfde vyfde geloofsvlak, moet iemand baie diep in die vlak ingaan, om die krag grootliks ten uitvoer te bring. Hulle wie sulke krag ontvang het, sal tekens ten uitvoer bring.

Tekens wat die gelowiges volg

Markus 16:17-18 sê, "Die volgende wondertekens sal voorkom by dié wat glo: in my Naam sal hulle duiwels uitdrywe; in ander tale sal hulle praat; met hulle hande sal hulle slange optel, en as hulle iets drink wat dodelik giftig is, sal dit hulle geen kwaad doen nie; hulle sal siekes die hande oplê, en dié sal gesond word." Daar is baie ander werke wat deur God se krag ten uitvoer gebring is, maar in hierdie gedeelte word vyf daarvan as voorbeelde genoem. Nou, laat ons na die geestelike betekenis van elke teken kyk.

Eerstens, hulle sal bose geeste in die naam van Jesus Christus uitdrywe.

Vandag dink baie mense dat bose geeste nie bestaan nie, maar die Bybel vertel vir ons duidelik van die bose geeste se bestaan. Jesus het hulle wie van die bose besete was, genees, en selfs Jesus se dissipels en die apostel Paulus het bose geeste uitgedrywe. Selfs vandag, is daar mense wie ly as gevolg van duiwelse geeste, en in hierdie geval, is dit onmoontlik om hulle medies te genees.

Tot die mate wat jy volgens die Woord van God lewe, kan jy die duiwelse geeste beheer en hulle uitdrywe. Indien jy in die vyfde geloofsvlak inbeweeg en in die Lig woon, sal jy nie alleenlik bose geeste in die naam van die Here uitdrywe nie, maar ook, wanneer jy die evangelie verkondig en vir ander siele omgee, sal die vyandige duiwel en Satan nie op hulle kan inwerk nie. Daarom, die mense aan wie jy die evangelie verkondig, sal hulle verstand makliker oopmaak, en God se genade deur die krag van jou woorde ervaar. Verdermeer, jy kan die sterkte ontvang, in die stryd om die onwaarhede te verwerp, en om volgens die Woord te handel.

Selfs al sou iemand by die vyfde geloofsvlak beveel, is dit nie te sê dat al die bose geeste onvoorwaardelik sal uitgaan nie. Byvoorbeeld, sommige mense of hulle familielede of voorvaders aanbid of het afgodes so baie aanbid, en daardeur so baie kwaad opgestapel, dat hulle nie die waarheid ken nie, en dat hulle geen geloof het nie.

Indien mense in so 'n geval van bose geeste besete is, moet hulle eerstens die sondemuur wat ontstaan het, afbreek. Indien die bose geeste-besete persoon nie van sy eie bestaan bewus is nie, en nie kan bely nie, moet sy familielede 'n lewe van geloof lei, en vir God se genade namens hom vra. Sou hulle probeer om die Woord van God te onderhou in hulle harte en bid om in die Lig te woon, sal die duisternis uiteindelik verdwyn vanaf hulle familie en die bose geeste sal ook verdwyn.

Daar is ook 'n ander soort geval. Dit is wanneer 'n gelowige vir God so baie teleurstel. Dit is 'n geval wanneer hulle sondes pleeg wat nie vergewe kan word nie (1 Johannes 5:16).

Sondes wat onvergeefbaar is sluit in, opstandigheid teen, spreek teen en lastering van die Heilige Gees, opsetlike pleeg van sondes, wetende wat die waarheid is, en verontreiniging weer en na die ervaring van die Woord en God se krag, en om die Here weer van vooraf te kruisig.

Naamlik, wanneer gelowiges in God die tekens en wonders sien, wat deur die Heilige Gees openbaar gemaak word, en dit veroordeel en teen hierdie werke in opstand kom, deur te sê dat dit werke van Satan of handelinge van dwaalleer is, sal God finaal Sy gesig van hulle wegdraai, sodat hulle rampe kan beleef en bose geeste-besete kan word.

Ook, om geloof in God te hê, indien jy voortgaan om die klaarblyklike werke van die vlees te pleeg, en jouself aan hierdie wêreld oorgee, sal dieselfde gevolge hom herhaal. In hierdie gevalle, selfs al sou 'n baie kragtige man van God vir hulle bid, sal hulle probleme nie opgelos word nie, tensy hulle eers hulle sondemuur afbreek. Behalwe in hierdie spesiale gevalle, wanneer iemand wie krag van God ontvang het beveel, sal die bose geeste, bewend van vrees, weggaan.

Die tweede teken van hulle wie glo, is om in tale te spreek.

1 Korintiërs 14:15 sê, "Hoe moet dit dan wees? Só, dat ek met die gees moet bid, maar ook met die verstand. Ek moet met die gees die lof van die Here sing, maar ook met die verstand." Om met die verstand te bid, is om te vra vir dinge wat ons met ons hart vra, en om te bid met die gees, is om in ander tale te bid.

Om in ander tale te bid sal as 'n gawe gegee word, wanneer ons met die volheid van die Heilige Gees bid. Wanneer ons in ander tale bid, kan ons nie dadelik die inhoud van die gebed verstaan nie, en selfs die vyandige duiwel en Satan kan dit ook nie verstaan nie. Dit is asof die persoon wie bid, die volheid van die Heilige Gees ontvang. Hy sal tot 'n sekere mate verstaan wat hy bid. Indien jy die gawe ontvang om die ander tale te vertolk, kan jy die inhoud verstaan.

Tussen die baie gawes van die Heilige Gees, wil God die gawe van spreek in tale, aan alle gelowiges gee. Met die gawe van tale bekom jy meer krag gedurende gebed, so dit is veral vir nuwe gelowiges noodsaaklik. Indien jy vuriglik in tale bid, sal jy ook lofliedere in tale sing, deur die Heilige Gees se besieling.

Indien jy groter inspirasie het, kan jy ook deur die Heilige Gees dans. Alhoewel jy nie weet hoe om te sing nie, of as jy nie in staat is om te dans nie, indien jy sing of dans deur middel van die Heilige Gees se inspirasie, kan jy heel pragtig sing en dans.

Byvoorbeeld, veronderstel 'n rower probeer jou steek. Dan,

indien jy in tale bid, sal die duisternis onmiddellik verdwyn. Mense handel kwaadwilliglik deur die vyandige duiwel en Satan se opstokery. Dus, omdat die werke van die duisternis verdwyn, sal die rower dadelik sy gedagtes verander en weghardloop, of sy liggaam mag selfs styf word. Daarom, indien jy altyd in nuwe tale kan bid, sal jy nie op enige manier deur die vyandige duiwel of Satan verhinder word by jou huis, werkplek, of besigheid nie, sodat jy in alles voorspoedig in goedheid sal wees.

Die derde teken is dat hulle 'slange' sal optel.

Hier, verwys 'slange' nie na slange wat op die grond rondseil nie, dit het 'n geestelike betekenis. Soos die eerste gedeelte van Openbaring 12:9 sê, "Want die groot draak, die slang van ouds, wat die duiwel en Satan genoem word en wat die hele wêreld verlei," 'n 'slang' verwys dan na die vyandige duiwel en Satan.

Daarom, gelowiges wat slang optel, beteken hulle het die mag om die sinagoges van Satan in die kerk, te verwoes. Die latere helfte van Openbaring 2:9 sê, "Ek weet ook van die kwaadstokery van die mense wat daarop aanspraak maak dat hulle Jode is, en dit nie is nie, maar tot die sinagoge van die Satan behoort." En Openbaring 3:9 sê ook, "Kyk, Ek beskik dat van die lede van die sinagoge van die Satan, die mense wat daarop aanspraak maak dat hulle jode is, en dit nie is nie, maar lieg-kyk, Ek sal maak dat hulle kom en voor julle kniel en erken dat Ek julle liefhet." 'Sinagoge van Satan' is 'n groep mense wie dink dat hulle aan God behoort, maar eintlik God se werke versteur, omdat dinge nie volgens hulle gedagtes en voordele verloop nie.

Dit is wanneer twee of meer mense in die kerk vergader, en woorde van klagtes bespreek, en probleme van beoordeling, afkeuring en vervreemding van een persoon teenoor 'n ander veroorsaak. Hulle veroorsaak skeidings onder gelowiges, en hulle skep breuke. Natuurlik, in die kerk, is dit somtyds nodig om konstruktiewe voorstelle te maak om iets uit te voer, met goeie voorneme, vir God se liefde.

Maar, indien jy teen die pastoor werk om die broers in die geloof te verdeel, deur teen die kerk se reëls te gaan, om jou eie voordeel en eiegeregtigheid te verkry, dan is dit sekerlik Satan se werk. Indien daar 'n sinagoge van Satan binne 'n kerk gevorm word, sal die liefde afkoel en God se werksaamhede sal tot 'n stilstand kom. Maar, indien daar 'n persoon in die kerk is wie by die vyfde geloofsvlak is, kan daardie persoon deur due sinagoge van Satan sien, en dit met die mag van sy woorde afbreek.

Die vierde teken wat volg is hulle wie glo dat indien hulle 'enige dodelike gif drinkdrink', hulle niks sal oorkom nie.

In Handelinge 28:1-6, sien ons dat die apostel Paulus deur 'n giftige slang gebyt was. Baie mense wie dit aanskou het, het gedink dat Paulus onmiddellik sou sterf, maar niks het met hom gebeur nie. Hulle was so verbaas en het Paulus soos 'n god beskou.

Eweneens, indien jy die vlak van perfekte geloof bereik, sal jy beskerm word, selfs al sou jy enige dodelike gif drink. Selfs al sou jy giftige gas inasem, sal God jou beskerm. Indien kieme of virusse jou besmet, sal God dit onmiddellik met die vuur van die Heilige Gees verbrand.

Natuurlik, indien 'n persoon wie groot krag het, enige gif opsetlik drink om God te toets, kan hy nie beskerm word nie. Matteus 4:7 sê, Jesus sê vir hom: "Daar staan ook geskrywe: Jy mag die Here jou God nie op die proef stel nie."

Die vyfde teken wat volg, is hulle wie glo dat wanneer hulle hul hande op die siek mense lê, sal daardie mense gesond word.

Indien jy die vyfde geloofsvlak bereik en krag ontvang, sal geen siekte jou besmet nie, en jy sal ook die krag hê om ander mense se siektes te genees. Maar net soos in die geval om te bid vir bose geeste-besete gevalle, selfs wanneer 'n kragtige mens sy hande oplê, somtyds word die siekte nie genees nie. Dit is wanneer die persoon wie die gebed ontvang, geensins enige geloof het nie, of wanneer hy 'n groot muur van sonde teen God het.

In ons kerk, in enige gegewe week kom talryke mense om my gebed te ontvang, en baie word genees. Maar indien hulle verwagtinge het om deur middel van 'n sekere soort geluk, genees te word, sonder om geloof te hê, vind geen genesing plaas nie. Om genesing te ontvang, moet jy eerstens na God se Woord luister, geloof hê, al jou sondes bely en die gebed met geloof ontvang, en daarna hunker om genees te word.

Somtyds, selfs al het die een wie die gebed ontvang, geen geloof nie, kyk God na die binnekant van sy hart, en hy word genees. Maar onthou asseblief, in beginsel, jy moet eerstens na die Woord van God luister, bely, en die houer voorberei, om die antwoord te ontvang.

Markus 16:20 lees, "Hulle het toe die evangelie oral gaan verkondig, en die Here het met hulle saamgewerk en hulle prediking bekragtig deur die wondertekens wat daarop gevolg het." Nie net Jesus nie, maar al Sy dissipels het die waarheid van die Woord aanskou met die tekens, terwyl hulle die evangelie verkondig het. Deur sulke bewyse het die mense se menings verander en hulle harte oopgemaak, en ontelbare siele was dadelik gered.

Wees gelowig in God se diens

Die derde karaktertrek van die vyfde geloofsvlak is, dat jy gelowig in God se diens sal wees. Numeri 12:3 sê, "Moses was 'n uiters sagmoedige man, meer as enigiemand anders op die aarde." Vers 7 sê, "Maar met my dienaar Moses is dit anders. Hy is die betroubaarste in my diens;" Moses was by die vyfde geloofsvlak, wat 'n vlak is waar God verheerlik word.

Die geestelike betekenis van getrouheid is, om meer te doen as wat aan jou toevertrou is. Byvoorbeeld, wanneer jy iemand huur en hom 'n loon betaal om 'n sekere werk te verrig, indien daardie werker net doen wat hy veronderstel was om te doen, sal ons nie sê dat hy geloofwaardig is nie, omdat hy net gedoen het wat van hom verwag was, en voor betaal is. Hy kan nie regtig geprys word vir geloofwaardigheid nie. Maar as hy die werk in sy eie tyd, geld, en energie verrig het, en bereid was om meer te doen as waarvoor hy betaal was om te doen, dan kan ons sê dat hy geloofwaardig is.

Hulle wie die vierde geloofsvlak bereik het, kan as geestelik geloofwaardig beskou word. Hulle wie heilig geword het, en die vierde geloofsvlak binnegegaan het, dra ook die vrugte van die Heilige Gees, dus dra hulle ook die vrugte van geloofwaardigheid. Maar vir die geloofwaardiheid om die 'geloofwaardigheid in God se diens' te word, moet jy by die vyfde geloofsvlak kom en al die vrugte van die Heilige Gees 100% dra.

Totdat geloofwaardigheid voortgebring is, moet jy jouself opoffer en jouself toewy tot ander se voordeel. Sonder geestelike liefde, kan jy nie jouself opoffer en toewy soos dit nie. Ook, indien jy 'n tekortkoming ten opsigte van die vrug van selfbeheersing het, mag jy geloofwaardig ten opsigte van een aspek wees, maar oor ander aspekte mag jy tekort skiet.

Indien jy nie die behoorlike vrugte van 'vrede' het nie, selfs al werk jy vir God geloofwaardig, mag jy dalk sekere probleme hê met ander mense of hulle gevoelens seermaak, tydens jou werksproses. Die getrouheid met vrede wat verbreek is, is nie iets wat totaal in God se sig is nie. Om getrou in God se diens te wees met geestelike getrouheid, moet jy elke vrug van die Heilige Gees ten volle dra.

Maar wat presies is dit om gelowig, in God se diens te wees? Dit is om jou plig ten volle uit te voer, en selfs meer te doen as waarvoor jy betaal word, en van jou verwag word om te doen. In jou Christelike lewe het jy baie pligte om vir die Here uit te voer. Jy moet jou pligte gelowig uitvoer, en jy moet nie net een of twee take goed verrig nie, maar jy moet elke taak met volle oorgawe, in elke aspek verrig. Dit is om gelowig in God se diens te wees.

Sommige pligte lyk belangriker as ander, en die werk van sommige pligte kan as makliker as ander pligte gereken word. Maar indien jy ten volle geestelik is, sal jy al God se pligte reken as kosbaar, ongeag of dit groot of klein, in die mens se oë gereken word. Dus sal jy al die pligte met jou hele hart, verstand en krag verrig.

Indien jy ten volle geestelik is, ongeag hoeveel pligte jy het, kan jy gelowig in alle aspekte wees en vrugte dra. Dit is omdat jy die Vader se hart ontwikkel het, wie perfek is, en jy het Christus se hart.

God het in Sy hart die hele verhaal van menswees bearbei, asook in die lewens van ontelbare mense, asof Hy na Sy eie handpalm kyk. Natuurlik, selfs al is jy by die vyfde geloofsvlak, is jy nie gelyk aan God nie. Maar omdat jy die karaktertrekke van God het, wie gees is, kan jy baie siele en dinge in jou hart bearbei.

Ook, het jy die liefde om jou lewe vir die koninkryk van God op te offer, en vir die siele wat aan jou toevertrou is. Jy kan God se werk verminder, deur die siele te bearbei en vir hulle met hartstogtelike liefde te bid.

Natuurlik, om alle werke te bearbei, en jou hart te vergroot en energie op dieselfde manier te gebruik, beteken nie dat jy dieselfde hoeveelheid tyd vir elke taak moet gebruik, en elkeen as 'n hoë prioriteit moet beskou nie. Vanselfsprekend is daar belangriker take as ander. Ook, is daar take waaraan jy relatief meer tyd moet spandeer.

Maar hulle wie die vrugte dra om gelowig in God se diens te wees, oorweeg nie enige taak ligtelik nie, en behandel nie enige van die siele ligtelik nie. Hetsy jy meer of minder tyd aan 'n taak spandeer, sal jou gesindheid en hart gelowig wees, en in alle aspekte jou beste probeer.

Bearbei alles in die gees soos Moses

Gedurende die tyd van Eksodus, was daar ongeveer 600,000 volwassenes, dus beraam ons die hele bevolking op omtrent 2 miljoen mense. Moses kon nie elke persoon ontmoet, en raad gee nie. Maar Moses het al die mense geestelik bearbei, en vir hulle omgegee met die liefde waarmee hy sy lewe vir hulle sou opgeoffer het. Dit is waarom God gesê het, dat Moses in Sy diens gelowig was.

Dit is met ons dieselfde. Tot die mate wat ons geestelik word, kan ons meer dinge in die gees bearbei, en ons kan meer pligte uitvoer. Byvoorbeeld, indien 500 mense aan ons toevertrou is, kan ons nie elkeen van hulle elke week besoek nie. Ons sal hulle besoek wie swak in die geloof is, en dringende behoeftes het, meer dikwels as vir die ander, wie ons een of tweekeer per jaar sal besoek.

Maar steeds, indien ons 'n ware gelowige hart het, sal ons altyd die hele kudde wat aan ons toevertrou is, in die gees en hart bearbei, of ons hulle dikwels sien of nie. Alhoewel ons 'n spesifieke siel vir maande nie gesien het nie, sal ons hom/haar al die tyd in ons hart bearbei, dus God werk op 'n gepasde wyse vir daardie persoon, deurdat Hy ons hart ken.

Dus, wanneer nodig, sal God ons hart aanraak om vir 'n persoon met uitsonderlike ywer te bid, of ons daardie person te gaan besoek. Ofskoon ons daardie persoon slegs eenkeer vir 'n kort periode ontmoet het, sal die hoeveelheid arbeid vir daardie persoon, in ons hart as goeie vrugte uitkom.

Dit verskil daarvan om nie die siele te besoek as gevolg van ons luiheid en dan te sê, "Ek bid eerder vir hulle in plaas daarvan, om hulle te besoek." Ons sal so besorg wees, omdat ons nie direk aan daardie siele versorging kan bied nie, dus kan ons nie anders as om ernstig te bid, "Vader, asseblief versorg daardie siele by wie ek nie direk kan uitkom nie!"

God ontvang die geur van daardie hart en Hyself versorg die siele. Dit gaan nie net oor die versorging van siele nie, maar ook oor enige Godgegewe diens. Die wyse om in God se diens gelowig te wees, is om jou beste in alle aspekte te probeer, met jou hele hart, verstand, en siel en vrugte te dra, deur alles in die gees te bearbei.

Sommiges mag sê, "Indien jy so baie pligte het, sal jy nie in staat wees om dit alles te doen nie. Dus, sal dit nie beter wees indien jy slegs 'n aantal pligte het, en dit in die geloof uitvoer nie, sodat jy daardeur gelowig in God se diens kan wees nie?" Maar hulle wie gelowig is, het die harstog om altyd vir die koninkryk van God meer te doen.

Hulle sal ook hartstogtelik oor sterwende siele wees, dus sal hulle meer pligte verkies. Indien jy sê dat jy slegs 'n paar dinge sal doen, wat jy goed kan doen, dan is jy alreeds vêr gedistansieer van gelowig in God se diens.

Indien jy in God se diens gelowig is, sal jy in jou persoonlike lewe ook gelowig wees, vrugte dra en God verheerlik. Laat ons sê dat jy in die kerk gelowig is, maar nie vir jou familielede omgee nie, of jy is daarvoor bekend dat jy in die skool of werkplek 'n gebrek aan geloofwaardigheid het. Dan is jy 'n ongelowige werker. Hulle wie alreeds gelowig is, het gelowige harte, Dus is hulle nie net in God se koninkryk gelowig nie, maar hulle is op alle gebiede gelowig.

3. Binnegaan van die uitgestrekte geestelike koninkryk

By die vyfde geloofsvlak het jy die hart van God self, dus kan jy God se hart en wil verstaan, en Hom in alles gehoorsaam, en verheerlik. Maar indien jy slegs baie van God gehoor het, beteken nie noodwendig dat ons Hom volkome kan gehoorsaam nie. Ons moet met God en die Here verenig word, deur ons hart in 'n volwaardige geestelike hart te verander, sodat ons kan doen wat God regtig wil hê ons moet doen, en Hom volkome gehoorsaam.

Nou, indien ons die vyfde geloofsvlak bereik, en die hart van gees het, wat soos God se hart is, beteken dit dat ons nie langer die menslike bearbeiding moet ondergaan nie? Die antwoord is, nee. Net soos wat God se gees onbeperk is, is die geestelike koninkryk onbeperk. Dit is soos om 'n doktorsgraad te verwerf en jou PhD-graad te ontvang, beteken dit nie dat jou studies noodwendig verby is nie. Net soos wat daar geen einde aan studies is nie, is die geestelike koninkryk soveel meer so. Selfs indien ons by die vyfde geloofsvlak kom, deur verskeie toetse te slaag, is dit slegs die begin om die eindelose geestelike koninkryk binne te gaan.

By die vyfde geloofsvlak kan ons nie eintlik die maat van geloof, in persentasies of persentiel meet nie. Net soos wat daar geen einde aan God, wie gees is, is nie, hoe geesteliker jy word, hoe dieper sal die eindelose afmetings ontvou. Maar vir geriefshalwe sê ons dat hulle wie in die Bybel die grootste maat van geloof het, die hoogste vlak by die vyfde geloofsvlak bereik. Hulle is Elia, Henog, Abram, Moses, en die apostel Paulus wie volkome met God ooreenkom, Hom verheerlik en duidelik met Hom kommunikeer.

Indien ons die vyfde geloofsvlak bereik, behoort ons aan die geestelike koninkryk in die geestelike sin van die woord, alhoewel ons in hierdie fisiese wêreld woon. God, Homself lei sulke mense om hulle te vul, met die kennis van die gees. Dus, op hierdie aarde kan hulle die dinge leer, wat ons eers later in die Hemel sal leer. Tot die mate wat iemand meer omtrent die geheime van die geestelike koninkryk verstaan, soveel te meer kan ons van God verstaan. Soos wat hy meer van die geestelike hart besit, kan hy die hoogste vlakke van die vyfde geloofsvlak bereik.

Indien ons die hoogste vlak van die vyfde geloofsvlak bereik, sal ons karakter en hele geaardheid ons sterkpunte word. Byvoorbeeld, selfs al was ons met 'n swak karakter gebore, sal ons gevul word met sterk en moedige karakters, en die oorspronklike swak karakter sal 'n vriendelike en lieflike karakter word, wat vol van goedheid en waarheid is.

Ook, indien ons 'n sterk en bitsige persoonlikheid het, sal ons gevul word met sagmoedigheid en sagtheid, en die oorspronklike sterk persoonlikheid sal 'n opregte en 'n hart van waarheid word. Mense se karakters en voorkeure verskil baie, maar elkeen sal in die Nuwe Jerusalem meer volkome, soos die Here word.

Ervaar God se ruimte anderkant die menslike perke

Hulle wie die hele gees ten uitvoer gebring het, en een met God en die Here geword het, sal die geestelike dinge verstaan wat verby die menslike denke gaan, en hulle sal ook verbasende geestelike dinge ervaar, wat die menslike perke oortref. In die Bybel sien ons baie wonderlike gebeurtenisse soos, verandering van weerstoestande of beweging van hemelliggame, opwekking van dooies of siektes en gebreke wat genees word. Ons kan die dinge uitvoer wat vir die mens onmoontlik is, tot die mate wat ons gelyk aan God is, en Sy krag ontvang het. Tussen dit is een van die wonderlikste dinge om in die Hemel opgeneem te word, sonder om te sterf.

Hebreërs 11:5 sê, "Omdat Henog geglo het, is hy weggeneem sonder dat hy gesterf het, en hy was nêrens te vinde nie, omdat God hom weggeneem het. Van hom word getuig dat hy, voordat hy weggeneem is, geleef het soos God dit wou hê."

2 Konings 2:11 sê, "Terwyl hulle gesels-gesels verder gegaan het, was daar skielik 'n wa van vuur met perde van vuur wat hulle twee van mekaar geskei het, en Elia is in 'n stormwind op, die hemel in."

Hebreërs 9:27 sê, "'n Mens is bestem om net een maal te sterf, en daarna kom die oordeel," en hoe kan die mens die dood vermy? Dit kan gebeur, indien iemand een met God by die vyfde geloofsvlak word.

Romeine 6:23 sê, "Die loon wat die sonde gee, is die dood; die genadegawe wat God gee, is die ewige lewe in Christus Jesus ons Here." Ooreenkomstig die wet van die geestelike koninkryk, die dood kom na diegene wie sondes het.

Maar hulle wie in die Here glo, is van hulle sondes deur geloof vergewe, en dus, alhoewel hulle die fisiese dood in die gesig staar, sal hulle weer op die laaste dag opgewek word, en 'n geestelike liggaam aanneem. Maar indien jy dieper inbeweeg, in die vyfde geloofsvlak en al die spore van die vlees verwyder, wat beteken dat indien jy baie nader aan die karaktertrekke van God Homself kom, sal jy die kwalifikasies kry, om nie die fisiese dood te sien nie.

Elia en Enog het God tot die uiterste liefgehad, en hulle het nie alleen hul sondes verwyder nie, maar al die vleeslike spore wat in hul natuur agtergebly het. Ook, het hulle hul harte ten volle met die waarheid gevul, en probeer om tot 'n groot mate aan God gelyk te word.

Alhoewel hulle in die Ou Testamentiese tye geleef het, het hulle met geloof na Jesus Christus, wie moes kom, opgekyk terwyl hulle duidelik met God gekommunikeer het, sodat hulle vir hul oorspronklike, sowel as die sondes van die verlede vergewe kon word. Vir hierdie rede, al is die loon van sonde die dood, wou hulle erken word as sondeloos, en hulle kon Hemel toe gaan, sonder dat hulle die fisiese dood ervaar.

Dit beteken egter nie dat elkeen wie by die vyfde geloofsvlak is, sal Hemel toe gaan sonder om te sterf nie. Selfs al kwalifiseer hulle daarvoor, omdat hulle op hierdie aarde gebore is in die voorsienigheid van die menslike ontwikkeling, laat God hulle die fisiese dood ervaar, om die volgorde op die aarde in stand te hou.

Ook, soos in die gevalle met die apostels Paulus en Petrus, nadat hulle volkome geestelik geword het, het God hulle martelaars laat word, sodat hulle nog meer roemryke belonings kon ontvang. God het die koninkryk van God nog groter ten uitvoer laat bring, deur hulle bloed wat gestort was. In die geval van Enog en Elia, het God spesiale planne met hulle gehad. Hy het toegelaat dat hulle direk Hemel toe gaan, en Hy het die gebeurtenis in die Bybel laat opteken. Dit was sodat die mense later kon verstaan dat so iets moontlik is, en daarna kon hunker.

Selfs al het ons die volle maat van Christus by die vyfde geloofsvlak, en die reg om nie die dood te sien nie, verkry, sal ons nooit dieselfde as die Here en God wees nie. Ongeag hoeveel ons met God ooreenstem, ons as skepsels kan nooit dieselfde as God die Skepper, en die Here wees nie.

Ook, in die gees, die dissipel kan nooit hoër as sy onderwyser wees nie (Matteus 10:24-25). In die fisiese koninkryk kan die dissipel somtyds die onderwyser verbysteek, maar geestelik is dit net onmoontlik.

Byvoorbeeld, Moses was deur God Homself geleer, dus het Josua by Moses geleer, daarom kon hy nie vir Moses geestellik verbysteek nie. Geestelike koninkryk is oneindig en baie diep, en vir hierdie rede kan niemand dit verduidelik of vir iemand leer nie, sonder om in daardie dimensie in te gaan, en dit te verstaan nie.

Daarom dat die apostel Paulus in 1 Korintiërs 4:15 sê, "Want al sou julle ook duisende leermeesters in Christus hê, baie vaders het julle nie. Deur die verkondiging van die evangelie is ek in Christus Jesus julle vader." Hy tref onskeid tussen 'n onderwyser wie net kennis oordra, en 'n vader wie lewe skenk deur mense na die gees te lei. Hulle wie na die geestelike koninkryk gaan en God se hart en wil verstaan, deur duidelik met Hom te kommunikeer, slegs sulke persone kan ander mense na die geestelike koninkryk lei.

Sedert ek 'n gelowige geword het, het ek duidelik met God gekommunikeer en ontelbare dae gespandeer deur te vas en te bid, totdat ek Sy hart en wil verstaan het. In die tussentyd, kon ek die geestelike koninkryk bevestig, en dimensies van geloof, so baie soos wat ek dit ervaar, en hierdeur kon ek die kudde na 'n dieper dimensie van die gees lei.

God wil nie net dat elkeen gered word nie, maar ons moet in 'n dieper vlak van die geestelike koninkryk kom, sodat ons die dieper dinge in Sy hart sal verstaan. Indien ons volkome geestelik word, en die dieper dinge van God verstaan, sal dit moontlik wees om vertroulike liefde met God te deel, dieselfde as met 'n vriend. Daarom, ek hoop jy sal na goeie en geestelike dinge met 'n meer ernstige hart uitsien, en met God kommunikeer en Sy hart en wil dag na dag, meer verstaan.

Hoofstuk 10

Seëninge vir Vyfde Geloofsvlak Gegee

1. Seëninge gegee vir die mens met volmaakte gees
2. Nuwe Jerusalem vir hulle by die vyfde geloofsvlak

"Vind jou vreugde in die Here, en Hy sal jou gee wat jou hart begeer. Laat jou lewe aan die Here oor en vertrou op Hom; Hy sal sorg. Hy sal jou onskuld laat deurbreek soos die son, jou reg soos die helder lig van die middag"
(Psalm 37:4-6).

Die meeste beloftes en seëninge wat in die Bybel opgeteken is, is vir diegene by die vierde en hoër geloofsvlakke. Indien jy by die vyfde geloofsvlak kom, sal jy al die seëninge ten volle ontvang. Natuurlik, dit beteken nie dat daar geen seëninge vir jou is, voordat jy geestelik word nie. Tot by die derde geloofsvlak kan jy gedeeltelike seëninge ontvang, tot die mate wat jy paslik voor God optree.

1. Seëninge gegee vir die mens met volmaakte gees

Psalm 37:4-6 sê, "Vind jou vreugde in die Here, en Hy sal jou gee wat jou hart begeer. Laat jou lewe aan die Here oor en vertrou op Hom; Hy sal sorg. Hy sal jou onskuld laat deurbreek soos die son, jou reg soos die helder lig van die middag." Om vreugde in die Here te vind, beteken jy sal groot vreugde en plesier, as gevolg van die Here God hê.

Natuurlik, jy kan jouself by elke geloofsvlak tot 'n sekere mate in God verheug, maar na regte om ware vreugde te hê, wat van bo kom, moet jy die vyfde geloofsvlak, die perfekte vlak, hê om God te verheerlik.

Hulle wie die geloof het om God te verheerlik, sal vinnig antwoorde van God ontvang, selfs wanneer hulle net iets in hulle harte begeer. Nou wat is die seëninge wat die mens met volkome gees ontvang?

Hulle kan die begeertes van hulle harte ontvang

Mense met volkome gees sal enigiets onmiddellik na hulle gebed ontvang, en verdermeer, hulle sal ook antwoorde ontvang, selfs oor die dinge wat hulle nie gevra het nie, maar net in hulle harte begeer het. Die Almagtige God weet wat hulle benodig, en by watter punt en tyd hulle dit nodig het.

Dus, God maak dinge vooruit gereed, en voorsien dit.

Hoe kan hulle die antwoord ontvang, sodra hulle daarvoor vra? Ons God antwoord altyd ooreenkomstig die wet van geregtigheid. Die mees verteenwoordige standaard van geregtigheid, is deur die meting van die 'sewe geeskragte'. Dit beteken dat ons slegs antwoorde en seëninge kan ontvang, wanneer ons daarvoor kwalifiseer binne ons geloofsmeting, wanneer sewe geeskragte ons ten opsigte van sewe aspekte meet, naamlik: geloof, vreugde, gebed, danksegging, onderhouding van gebooie, geloofwaardigheid en liefde.

Byvoorbeeld, indien 'n persoon wie by die derde geloofsvlak is baie bid, maar geen vreugde in sy hart het nie, of as hy baie gelowig is en vir God werk, maar het geen dankbaarheid nie en net klagtes, dan sal hy antwoorde baie stadig ontvang, tot die mate wat hy met die metings van die sewe geeskragte, tekortkominge het.

Maar hulle wie volkome geestelik is, is reeds heilig, dus is daar geen sondemuur tussen hulle en God nie. Hulle harte is ook volledig met die vrugte van die waarheid gevul, dus sal hulle altyd kwalifiseer, ooreenkomstig die meting van die sewe geeskragte. Dit is waarom hulle onmiddellik antwoorde kan ontvang, en niks sal vir hulle onmoontlik wees nie (Markus 9:23).

Hulle vind maniere om in elke situasie te verstaan

Indien jy net die stem van die Heilige Gees, wie na die dieper dinge van God soek, kan hoor, kan jy altyd jy altyd die weg van voorspoed belewe. Ook sal jy die stem hoor en die leiding van die Heilige Gees ontvang, tot die mate wat jy jou sondes en kwaad uit jou hart verwerp het,en 'n suiwer en skoon hart tot stand gebring het.

Indien jy so pas by die vierde geloofsvlak gekom het, kan jy die stem van die Heilige Gees duidelik met jou heilige hart hoor, dus kan jy duidelik uitmaak wat God wil hê. Verdermeer, by die vyfde geloofsvlak het jy 'n duidelike begrip waarom God 'n bepaalde ding gedoen wil hê. Sodra jy dieper in die dimensie van die vyfde geloofsvlak ingaan, sal jy selfs 100% die werkswyse van die Vader besef, met wat Hy wil hê.

Josef was in Egipte op 'n baie jong ouderdom as 'n slaaf verkoop, as gevolg van sy broers se jaloesie. Maar selfs in daardie situasie, deur die voorsienigheid van God, het hy al daardie soorte ontberings te bowe gekom, en die eerste minister van Egipte geword. Hy het uiteindelik weer sy broers ontmoet, wie hom 22 jaar gelede verkoop het. Hy het sy broers gelei om hulle sondes te bely, en hy het selfs die werkswyse geken om hulle te lei, om uit hulle harte te bely.

Byvoorbeeld, hy kon homself aan hulle openbaar het, en vir hulle gesê het om te bely, maar dit sou nie as 'n volkome ware belydenis, uit die hart gereken kon word nie.

Josef het nie sy identiteit bekend gemaak nie, maar hulle vir 'n tydperk gevange gehou. Dan het hy ook een van die broers as 'n gevangene geneem, en die jongste broer daarvan beskuldig dat hy 'n dief is. Hy het baie verskillende soorte situasies geskep, waarmee sy broers moes deel. In daardie proses, het sy broers die waarde en kosbaarheid van mekaar besef. Hulle het ook onthou dat hulle een van hulle broers verkoop het, en het dit uit hul harte kom bely.

Totdat dit gebeur het, was elke woord en handeling die uitvloeisel van Josef se verbasende wysheid en verstandhouding, om sulke situasies te laat plaasvind. By die vyfde geloofsvlak kan jy sulke werke van die Heilige Gees ervaar, en die volledige werkswyse verstaan, omdat jy selfs die dieper dinge van God verstaan.

Sondiges kan hulle nie eers aanraak nie

Siekte en kieme kan nie diegene wie volkome geestelik is, besmet nie, en gebreke kan nie oor hulle kom nie. Hulle kan die siektes en gebreke van ander mense ook genees. Hulle kan ook bose geeste uitdrywe. As gevolg van die geestelike mag wat uit 'n heilige en perfekte hart kom, kan die krag van duisternis nie enige mens wie vokome geestelik gword het, enige skade aandoen nie (1 Johannes 5:18). Omdat hulle geen sonde of kwaad het nie, wat grondige redes vir Satan is om hulle te beskuldig, kan Satan hulle aan geen toetse of beproewinge onderwerp nie.

Maar selfs vir die mense van die gees of volkome gees, laat God somtyds sekere soort proewe toe, wanneer Satan aantuigings teen hulle inbring. Dit is wanneer God Sy koninkryk grootliks ten uitvoer wil bring, binne Sy geregtigheid, of om te bewys dat hierdie mense behoorlike houers het, om meer krag van God te ontvang.

Byvoorbeeld, in die gevalle van die apostels Petrus en Paulus, hulle het alreeds die volle maat van geloof bereik, maar hulle het steeds vervolgings en ontberings in die naam van die Here ontvang, en hulle uiteindelik gemartel.

Ook, alhoewel die lede van die vroeë kerke, wie gemartel was, nie volkome geestelik geword het nie, het hulle nie sulke groot sondes gehad, om daaroor doodgemaak te word nie. Maar dit was om die reëls van geregtigheid te vervul, dat meer siele gered sou word en die evangelie by meer plekke verkondig sou word, deur die prys van die gelowiges se bloed. Natuurlik, hulle wie martelaars met geloof geword het, ontvang groot eer in die hemelse koninkryk, wat onvergelykbaar is met die aardse kortstondige ontberings.

Ook, indien 'n mens met volkome gees swaarkry, sonder 'n rede, en dit met geloof en liefde oorkom, gee God vir hom groter seëninge en krag. Hy stort meer van Sy krag op hom uit, en laat hy God meer verheerlik. Natuurlik, die vyandige duiwel en Satan kan geensins hieroor beswaar maak nie.

Ter aanvulling van diie bogenoemde voorbeelde, daar is so baie seëninge vir ons nadat ons volkome geestelik geword het, sodat dit nie almal genoem kan word nie. Indien jy net die vierde geloofsvlak bereik, sal jy geseën word of jy in of uitgaan, en jou familie, werkplek, en besigheid terwyl die mense rondom jou saam met jou die seëninge sal ontvang. Alhoewel jy nie perfek is nie, kan jy saam met God ook loop.

Al hierdie seëninge word een vir een vanaf die vierde geloofsvlak gegee, en vanaf die vyfde geloofsvlak word dit volledig gegee. Maar meer as al hierdie seëninge, is die kosbaarste en grootste seëning, die glorie van die stad Nuwe Jerusalem in die ewige hemelse koninkryk.

2. Nuwe Jerusalem vir hulle by die vyfde geloofsvlak

Die beste woonplek tussen al die hemelse woonplekke is Nuwe Jerusalem. Nuwe Jerusalem is die kristal van liefde, wat God vir Sy ware kinders gereed gemaak het. Hy moes so baie verduur vir so lank, om ware kinders te bekom waarmee Hy ware liefde kon deel. Dit is die plek wat die Vader voorberei het, om Sy liefde en vreugde vir altyd, met daardie kinders te deel. Elke blomblaar en juweel bevat God se liefde en krag. Dit is 'n plek vol van God se saligheid.

Die groote en vorm van Nuwe Jerusalem

In Openbaring hoofstukke 21 en 22 is 'n uitbeelding van Nuwe Jerusalem se vorm. Dit is 'n kubus met die lengte, breedte en die hoogte daarvan dieselfde, twaalf duisend kilometer. Die muur is met opaal gebou. Die stad self met suiwer goud wat soos 'n skoon spiel lyk. Op elk van die vier mure van die stad is daar drie hekke respektiewelik, dus twaalf in totaal. Dit is boogvormige pêrelhekke. Op dit is die name van die 12 geslagte van Israel. Die hekke is van pêrels gemaak, as gevolg van die geestelike betekenis van die pêrel.

Vir 'n pêreloester om 'n pêrel te vorm, neem dit pynlik baie tyd en verdraagsaamheid in beslag. Wanneer 'n vreemde stof die vlees van die oester deursteek, veroorsaak dit groot pyn, die oester skei dan perlemoer af om die vreemde stof oor en oor te bedek. Die finale uitkoms van die afskeiding is die pêrel. Vir gelowiges om te kwalifiseer om Nuwe Jerusalem binne te gaan, moet elkeen pyn en trane verduur, om 'n lewe van volmaakte waarheid te lei. Die hekke van Nuwe Jerusalem is met hierdie betekenis gemaak.

Die fondamente van die stad is met 12 edelstene versier. Die eerste fondament is met opaal, wat geestelike geloof simboliseer. Die tweede met saffier, wat beteken standvastig en 'n opregte hart. Die derde fondament met agaat, wat onskuld en opoffering verteenwoordig. Dit is die hart wat iemand se lewe kan opoffer vir sy naaste en die koninkryk van God, sonder om homself eerste te stel.

Die vierde fondament met smarag, simboliseer geregtigheid wat 'n vrug van lig en skoonheid is. Die vyfde fondament met sardoniks, is om tot die dood gelowig te wees. Die sesde fondament met karneool, wat beteken ywer en ernstige hart. Die sewende fondament met christoliet, dit is genade.

Die agtste fondament met beril, dit is geduld. Die negende met topaas, wat goedheid verteenwoordig, naamlik die goedheid van die Here, wie nie twis of skree nie, en wie nie 'n gekneusde riet sal breek nie, of 'n smeulende lamppit sal uitdoof nie.

Die tiende met christopaas, wat selfbeheersing simboliseer. Die elfde met hiasint, wat staan vir suiwerheid en heiligheid van die hart. Die twaalfde fondament met ametis, wat skoonheid en sagmoedigheid simboliseer. Indien jy al die geestelike betekenisse, wat elke edelsteen bevat saamvoeg, word dit die perfekte hart van God en die Here.

Die rede waarom fondamente van die stad met hierdie edelstene gemaak is, is om ons te vertel dat gelowiges moet hierdie geestelike vrugte volledig in hulle harte dra, om in die stad te woon. Wanneer jy verby die pêrelhekke gaan en in die stad binnegaan, is daar geen son, maan, of lig nie, maar dit is bedek met God se glorie, en altyd helder soos met daglig gevul. Van vêr af, is die ligte van die edelstene wat die huise versier, deur die wolke van glorie sigbaar, en dit laat die hele stad lewendig en vrolik vertoon.

Die huise in die Derde Koninkryk van die Hemel en Nuwe Jerusalem is drieverdieping-geboue, en is pragtig met edelstene en suiwer goud versier. Jy het 'n persoonlike keuse uit een van: jou eie waterpan, tuin, ski-glyhelling, dieretuin, gholfbaan, danssaal of enigiets anders wat jy verkies.

Die huise in die Derde Koninkryk van die Hemel is ook gemaak van suiwer goud en edelstene, maar die soort edelstene en ligte van die in Nuwe Jerusalem verskil van mekaar. Daar is ontelbare soorte edelstene in Nuwe Jerusalem, en baie van hulle straal drievoudige soorte ligte uit.

Elke huis in Nuwe Jerusalem het ook unieke karakters, ooreenkomstig die maat van die geloofsvlak, die omvang van die geloofwaardigheid en die huiseienaar se dade en smake. Net deur die helderheid van die lig van glorie en die soorte edelstene wat die huis versier te sien, kan iemand die vlak van heiligmaking begryp, wat deur die huiseienaar bereik is, en hoeveel hy God op die aarde verheerlik het.

Wanneer hulle wie Nuwe Jerusalem binnegaan die huise sien wat God vir hulle voorberei het, gaan hulle net voort om trane van dankbaarheid, te stort. Wanneer jy die hoofhek binnegaan, met die uitsig van die uitgestrekte omgewing, en die pragtige versierings, word jy skoon weggevoer.

Laat ek een van die huise daar, vir jou beskryf. Binne 'n uitgestrekte omgewing, is die hoofgebou, wat soos 'n kasteel vertoon, met mure wat die hoofhuis omring. Hierdie mure vertoon soos opaal of blouerige deursigtige glas. Die binnekant van die mure kan nie van buite gesien word nie, maar wel andersom.

Anders as die mure wat op hierdie wêreld van stene gebou word, is dit soos 'n stuk kunswerk sonder 'n lasplek. Die muur self verskaf 'n pragtige aroma, en die blomme aan die muur se onderkant, voorsien ook 'n skerp geur.

Teen die muur is daar fyn patrone, asof dit gegraveer is. Maar dit is vanaf die binnekant van die deursigtige muur self gegraveer. Dit beweeg opwaarts en vloei helder afwaarts. Dit vertel die verhaal van hoe die huiseienaar God op die aarde verheerlik het, en ander dinge van die eienaar soos sy goedheid, en die skoonheid van sy hart wat hy ontwikkel het.

Dit vertel ook hoe hy vir die Here vervolg is, en hoe hy vir God se koninkryk geswoeg en gewerk het. Deur hierdie graverings maak God dit vir die huiseienaar makliker, vir die tyd wat hy op die aarde deurgebring het.

In die tuin is daar so baie soorte blomme en bome in 'n pragtige landskap, terwyl voëls met pragtige vere vir jou sing. Nadat jy die tuin verbygaan het, en die hoofgebou bereik, is daar 'n pad van suiwer goud. Die blomme aan weerskante van die pad verskaf 'n lieflike geur. Dit prys die eienaar se werke en vergemaklik sy lewe, nadat hy al die ontberings en moeilike tye op die aarde deurgemaak het.

Ter aanvulling hiervan, is daar 'n dieretuin, 'n wandelpad, 'n pretpark, 'n kristal vaartuig en enigiets anders wat hy wil hê. Gelowiges spandeer so baie tyd met sulke groot uithouvermoë en opofferings, totdat hulle Nuwe Jerusalem bereik, en wanneer hulle elke beloning sien wat God voorberei het, versag hulle harte en word hulle gemaklik.

Belonings in Nuwe Jerusalem

Indien ons Nuwe Jerusalem binnegaan, alles waarvoor ons gehoop het, sal gedoen word, en ons sal groot en pragtige huise ontvang, en belonings wat ons onself nie kan voorstel nie. Maar wat baie belangrik is, is dat elkeen van die materiale en fasaliteite word gemaak deur die liefde, uithouvermoë, geloofwaardigheid en toewyding wat ons vir God op hierdie aarde aanbied.

Ons sal gerief en belonings in Nuwe Jerusalem ontvang, indien ons aan die Here gee, wat ons voor lief is en op hierdie aarde wil hê.

Die oplettende God van liefde mis nie 'n enkele ding nie. Wanneer jy oor die koninkryk van God treur, sal nie 'n enkele traandruppel van jou betekenisloos val en verdwyn nie. Elkeen van hulle word die materiaal en 'n versiering om jou huis te bou. Hulle wie Nuwe Jerusalem binnegaan, het volgens God se wil op aarde geleef, daarom in die Hemel laat God hulle toe om alles te geniet, soos wat hulle wil.

Die klere van hulle wie Nuwe Jerusalem binnegaan, betuig hul glorie met die mooiste, helderste en kleurvolste kleredrag. Op die uiters fyn geweefde uitrustings is daar versierings van pragtige edelstene en verskeie patrone.

Byvoorbeeld, daar is die dankpatroon, wat aandui hoeveel dankbetuiging 'n persoon op hierdie aarde getoon het. Daar is ook patrone van eerbewyse, vreugde, gebede ensovoorts. Daar is ook spesiaal die patroon van glorie, en selfs in Nuwe Jerusalem, word dit uitsluitlik aan hulle gegee wie aan God baie glorie verskaf het. Die glorie van hierdie patroon staan uit, teenoor ander patrone. Hulle wie hierdie patroon van glorie dra, word grootliks gerespekteer.

In Nuwe Jerusalem, dra hulle basies twee soorte krone, die kroon van geregtigheid (2 Timoteus 4:8), en die kroon van goud (Openbaring 4:4). Anders as hierdie, is daar krone van blomme, krone van pêrels, kristalkrone, en baie ander krone wat met verskeie edelstene en sieraad versier is, en jy sal dit ooreenkomstig die geleentheid dra.

Vir die dames het hulle spesiale versierings vir hulle hare. In die Paradys het hulle geen krone of versierings nie. Hulle het daar net eenvoudige hare. Soos wat jy na hoër geloofsvlakke gaan, het hulle mooier en pragtiger versierings in hulle hare. Die dames in Nuwe Jerusalem sal ornamente en versierings van edelstene hê, en daarmee saam, sal hulle 'n deurweefde material op hul kop hê, wat met uitsonderlike pragtige ligte glinster.

Die pragtige en skitterende deurweefde vlegsels, golf neer

asof dit deelvorm van die hare, en gee skitterende ligte mee. Op hierdie wyse in die Hemel, deur die klere te sien, die kleure en ligte, die patrone en versierings op die klere, die krone en versierings in die hare, kan ons in 'n oogwink sien hoeveel elke persoon deur God geliefd is, en erken word.

In Nuwe Jerusalem, Wanneer jy van klere verwissel, feesmale het, of waarheen jy gaan of wat jy ookal doen, het jy dienende engele wie jou bedien. Omdat jy geestelik met hulle kan kommunikeer, weet die engele wat jy wil hê, sonder dat jy hulle daarvan vertel. Ooreenstemmend tot die maat wat elkeen geestelik geword het, sal die aantal dienende engele verskil.

Nuwe Jerusalem is nie alleenlik pragtig en luisterryk nie, maar jy het ook die eindelose geleerdheid, gesigsvermoë, hoorvermoë, die genieting van pragtige dinge en die deel van liefde. Jy leef vir 'n ewige tyd, maar jy kry nie 'n kans om verveeld te raak nie, omdat elke oomblik met nuwe en opwindende dinge gevul is. Vernaamlik, in Nuwe Jerusalem, daar het jy altyd feesmale en feesvieringe. Somtyds, word dit gehou deur God die Vader, of die Here of die Heilige Gees.

Tydens die feesmaal wat deur God die Vader gehou word, dra almal die mooiste rok en versierings. Hulle eet en drink die beste dinge, en geniet luisterryke en pragtige lofsange en dansuitvoerings, en die glorie van dit, kan nie deur woorde beskryf word nie.

In die hemelse lewe, sal jy gevul word met gelukkiger gevoelens, as die gelukkigste gevoel, wat jy ooit op die aarde beleef het. Hoe heiliger ons word en in die waarheid verander, hoe dieper sal ons die vreugde van die Hemel voel, selfs op die aarde.

Hoe meer hoop en vreugde ons van die Hemel het, sal die kwynende verknogtheid aan hierdie wêreld verdwyn, en sal ons slegs gevul word met die geestelike begeerte om glorie aan God te gee, baie siele te red, en die glorie van Nuwe Jerusalem saam met hulle te deel.

Daarom, moet ons die betekenlose hoop om agter die wellus van die vlees aan te gaan, verwerp, asook die wellus van die oë, en die windmakerige trots van die lewe, en die hoop koester om na beter hemelse woonplekke te gaan.

1 Tessalonisense 5:23 sê, "Mag God, wat vrede gee, julle volkome aan Hom toegewyd maak en julle geheel en al, na gees, siel en liggaam, so bewaar dat julle onberispelik sal wees wanneer ons Here Jesus Christus weer kom!" Soos gespreek, ek bid in die naam van die Here dat, jy 'n heilige hart sal ontwikkel, volkome geestelik sal word, en ewig die liefde met God en die Here in die heerlike Nuwe Jerusalem sal deel.

Die outeur:
Dr. Jaerock Lee

Dr. Jaerock Lee is in 1943 in Muan, Jeonnam Provinsie, Republiek van Korea gebore. Gedurende sy twintigerjare het Dr. Lee vir sewe jaar aan 'n verskeidenheid ongeneeslike siektetoestande gely, en op die dood gewag, met geen hoop op herstel nie. Nogtans, eendag gedurende die lente van 1974 het sy suster hom saam kerk toe geneem. Terwyl hy gekniel het om te bid, het die lewende God hom onmiddellik van al sy siektes genees.

Vanaf die oomblik wat hy die lewende God ontmoet het, deur die wonderlike ervaring, het Dr. Lee vir God met sy hele hart opreg liefgehad, en in 1978 was hy as 'n dienskneg van God geroep. Hy het vuriglik gebid met ontelbare vastingsgebede sodat hy duidelik die wil van God kon verstaan, en dit volledig ten uitvoer kon bring, en die Woord van God gehoorsaam. In 1982 het hy die Manmin Sentrale Kerk in Seoul, Korea gestig, waar ontelbare wonderwerke van God, insluitende wonderbaarlike genesings, tekens en wonderwerke al plaasgevind het. Sedertdien gaan dit by sy kerk nog steeds voort.

In 1986 was Dr. Lee as 'n pastoor by die jaarlikse vergadering van die Jesus Sungkyul Kerk van Korea georden, en vier jaar later in 1990, was daar begin om sy preke na Australië, Rusland en die Filippyne uit te saai. Binne 'n baie kort tydperk was meer lande deur middel van die 'Far East Broadcasting Company, the Asia Broadcast Station, and the Washington Christian Radio System' bereik.

Drie jaar later in 1993, was Manmin Sentrale Kerk aangewys as een van die "World's Top 50 Churches" deur die Christelike Wêreld tydskrif (VS) en hy ontvang 'n Ere Doktorsgraad van die Christelike Geloofs Kollege, Florida, VSA, en in 1996 ontvang hy sy Ph. D. in Teologie van Kingsway Teologiese Kweekskool, Iowa, VSA.

Sedert 1993 het Dr. Lee wêreld evangelisasiewerk uitgebou deur baie oorsese kruistogte in Tanzanië, Argentinë, Los Angeles, Baltimore Stad, Hawaii, en New York Stad van die VSA, Uganda, Japan, Pakistan, Kenia, die Filippyne, Honduras, Indië, Rusland, Duitsland, Peru, Demokratiese Republiek van die Kongo, Israel en Estonia aan te bied.

In 2002 was hy as 'n "worldwide revivalist" vir sy kragtige evangeliebediening in verskeie oorsese kruistogte, deur die groot Christelike nuusblad in Korea, erken. In besonder was sy 'New York Crusade 2006' gehou in Madison Square Garden, die wêreld se beroemdste optree arena. Die optrede was na 220 nasies uitgesaai, en in sy 'Israel United Crusade 2009', gehou by die Internasionale Byeenkoms Sentrum in Jerusalem, het hy dapper aangekondig dat Jesus Christus waarlik die Messias en Redder is.

Sy preke word na 176 nasies per satelliet insluitende GCN TV uitgesaai. Hy was ook as een van die 'Top 10 Most Influential Christian Leaders' van 2009 gelys. In 2010 ook by die populêre Russiese Christelike tydskrif, In Victory, en die nuusagentskap Christelike Telegraaf, vir sy kragtige evangeliebediening tydens televisie-uitsendings, en oorsese kerklike pastoraatwerk.

Sedert Mei 2013 is Manmin Sentrale Kerk 'n gemeente met meer as 120,000 lidmate. Daar is wêreldwyd meer as 10,000 kerktakke insluitende 56 plaaslike kerktakke, en meer as 129 sendelinge is na 23 verskillende lande gesekondeer, insluitende die Verenigde State, Rusland, Duitsland, Kanada, Japan, China, Frankryk, Indië, Kenia en baie meer tot dusver.

Tot op datum van hierdie publikasie, het Dr. Lee reeds 88 boeke, waaronder topverkopers soos,' Tasting Eternal Life before Death, My Life My Faith I & II, The Message of the Cross, The Measure of Faith, Heaven I & II, Hell, Awaken, Israel!, en The Power of God' geskryf. Sy werke is in meer as 76 verskillende tale vertaal.

Sy Christelike Kolomme verskyn in 'The Hankook Ilbo, The JoongAng Daily, The Chosun Ilbo, The Dong-A Ilbo, The Munhwa Ilbo, The Seoul Shinmun, The Kyunghyang Shinmun, The Korea Economic Daily, The Korea Herald, The Shisa News, en The Christian Press'.

Dr. Lee is tans 'n leiersfiguur by baie sendingorganisasies en verenigings. Posisies sluit in: 'Chairman, The United Holiness Church of Jesus Christ; President, Manmin World Mission; Permanent President, The World Christianity Revival Mission Association; Founder & Board Chairman, Global Christian Network (GCN); Founder & Board Chairman, World Christian Doctors Network (WCDN); and Founder & Board Chairman, Manmin International Seminary (MIS).'

www.ingramcontent.com/pod-product-compliance
Lightning Source LLC
LaVergne TN
LVHW021808060526
838201LV00058B/3284